中国经济文库
应用经济学精品系列

江苏高校哲学社会科学研究项目（2020SJA1119）
国家自然基金委面上项目（71874190）
江苏省社科基金重点项目（21GLA003）

城市共享新能源汽车选址研究

党建民　王晓珍◎著

STUDY ON LOCATION SELECTION OF URBAN SHARED NEW ENERGY VEHICLES

中国经济出版社
CHINA ECONOMIC PUBLISHING HOUSE
·北 京·

图书在版编目（CIP）数据

城市共享新能源汽车选址研究／党建民，王晓珍著
.--北京：中国经济出版社，2023.2
ISBN 978-7-5136-7260-3

Ⅰ. ①城… Ⅱ. ①党… ②王… Ⅲ. ①新能源-出租汽车-资源共享-基础设施建设-选址-研究 Ⅳ. ①F570.7②U491.8

中国国家版本馆 CIP 数据核字（2023）第 042568 号

组稿编辑　葛　晶
责任编辑　冀　意
责任印制　马小宾
封面设计　任燕飞

出版发行　中国经济出版社
印 刷 者　河北宝昌佳彩印刷有限公司
经 销 者　各地新华书店
开　　本　710mm×1000mm　1/16
印　　张　12.75
字　　数　201 千字
版　　次　2023 年 2 月第 1 版
印　　次　2023 年 2 月第 1 次
定　　价　88.00 元
广告经营许可证　京西工商广字第 8179 号

中国经济出版社　**网址** www.economyph.com　**社址** 北京市东城区安定门外大街 58 号　**邮编** 100011
本版图书如存在印装质量问题，请与本社销售中心联系调换（联系电话：010-57512564）

前言
PREFACE

伴随经济发展而来的日渐严重的全球变暖与环境污染问题已成为人类可持续发展的阻碍，节能减排是全球各国关注的重点。城市燃油汽车数量的不断增多不仅造成交通拥堵，其排放的大量尾气也是城市空气污染的重要源头之一。为了城市可持续健康发展，共享新能源汽车的普及与推广刻不容缓。共享新能源汽车不仅为居民带来绿色出行，解决长久以来的传统汽车碳排放问题，也能够高效利用社会资源，节省城市土地资源，舒缓城市的交通堵塞问题，在互联网背景下有着长足发展的先天优势，是未来共享经济的主流方向之一。然而，选址位置不佳，停车难、找车难的痛点使得其普及率不高，用户较少，用户使用频率较低，阻碍了城市共享新能源汽车的发展。本书以选址问题为切入点，旨在通过建立数理模型对城市共享新能源汽车的选址进行优化，以促进共享新能源汽车产业的发展。

本书首先利用 PEST 分析工具对城市共享新能源汽车发展的政治背景、经济背景、社会背景与技术背景进行探讨，说明了本次研究的重要性与必要性。在大量文献阅读、归纳与整理的基础上，从利益相关者与准公共物品角度出发，构建了“G-B-U”理论分析框架，认为城市共享新能源汽车是由政府主导的准公共物品，政府、企业与用户是其核心利益相关者，因此在选址中应当将与这三方相关的因素考虑在内。本书将这些影响因素划分为 10 个维度，分别为政府方面的发展规划、区位特征、城市交通与政策规制；企业方面的企业成本、企业收益与拥挤临界点；用户需求方面的需求偏好、影响因素与需求量预测。

在搜集归纳相关文献与资料的基础上，本书认为，对于政府而言，优化选址可以节约城市的土地资源，促进城市交通发展，同时让产业发展带动就业发展，有利于增加城市就业岗位，提升就业率；对于企业而言，良好的选址能促进居民的使用，从而有助于企业规模的扩大与收益的增加；对于居民而言，增加其对出行方式的选择，实现绿色出行的同时节约时间与经济成本。考虑到城市共享新能源汽车的服务终端是居民，共享新能源汽车的长足发展离不开居民使用，因此了解居民出行需求，调查其日常出行行为，探知其对共享新能源汽车的看法与使用意愿是合理选址的关键所在，也是建立优化求解模型的前提。因此，本书在文献梳理的基础上，面向 XZ 市的部分用户进行了深度访谈，从用户的角度探讨其对于共享新能源汽车的需求偏好与影响其使用意愿的因素，得出租还便利性、公共交通替代性、私家车替代性、出行目的地、出行里程、出行规模、出行时间、经济成本、汽车驾驶能力、风险感知、卫生意识、环保意识、天气、疫情等 14 个因素是影响用户使用共享新能源汽车的关键因素。

在理论分析与实地调查的基础上，本书提出了“市场需求预测—备选网点筛选—选址模型求解”的三阶段选址决策方法，将主客观数据相融合确定测量指标，弥补现有研究中需求预测体系考虑不完整的缺陷，建立一套更为科学、合理、严谨的需求预测指标，构建 P 中值选址优化模型。

为了验证模型的可行性与科学性，本书针对 XZ 市的共享新能源汽车选址进行了优化算例研究。在需求预测阶段，为了深入探知研究区域的共享新能源汽车市场现状，获取市场需求预测指标计算所需的相关信息，本书在深度访谈、文献归纳与理论分析的基础上设计问卷，对 XZ 市居民的日常出行行为、共享新能源汽车使用经历、影响选择的因素、未来使用行为与基本情况五大部分进行了调查。由分析结果可知，共享新能源汽车分布不均衡、网点太少、数量不多、不如其他交通方式便利是影响 XZ 市共享新能源汽车扩散的主要原因；XZ 市居民使用共享新能源汽车出行的主要目的地是休闲娱乐场所、工作单位与转乘站点；使用经历是影响XZ市居民未来使用共享新能源汽车的关键因素。本书以XZ市5个主城区为研究区域，构建P中值模型并使用Matlab中的CPLEX 12.8进行求解，结果表明，在优化前现有的XZ市57个布局点条件下，用户的总出行距离加权成本为5339400000米；而在优化后的57个选址布局条件下，用户的总出行距离加权成本为4074900000米，即共节省总出行距离加权成本1264500000米，平均节省人均出行步行时间11分钟，证明了该模型的适应性与优越性。

同时，本书构建的基于准公共物品理论与利益相关者理论的“G-B-U”分析框架对现有的城市共享新能源汽车的研究理论进行了补充；本书设计的调查问卷量表可为相关研究提供参考；本书提出的“市场需求预测—备选网点筛选—选址模型求解”的三阶段选址决策方法可以应用到其他城市的共享新能源汽车选址问题上，有利于对城市现有选址方案进行质量判别，并提供优化方案，有利于城市规划与共享新能源汽车的产业发展。

本书整体架构及共享新能源汽车选址理论分析框架构建部分由党建民博士和王晓珍博士共同完成，其余部分由党建民博士主笔，其中模型构建及求解部分由中国矿业大学研究生付子怡辅助完成。另，感谢南开大学研究生丁毅梦在本书问卷调查、资料搜集与整理方面给予的支持，感谢清华大学研究生李彦琛在本书模型搭建与数据分析方面提供的帮助。特别感谢华润杨宇先生在影响因素分析和模型构建方面给予的指导和帮助。

目录

CONTENTS

1

绪论

1.1 研究背景

1.1.1 政治背景

伴随着经济快速发展而来的环境问题不容小觑，碳排放与全球变暖成为威胁人类可持续发展的重要因素，如何更高效地利用能源，减少污染与浪费，寻找传统能源的替代品是我国实现可持续发展的必要一环。在 2015 年的巴黎气候变化大会上，中国政府表明要在 2030 年实现国内碳排放达峰的目标；国务院颁布的《“十三五”节能减排综合工作方案》明确要求提高能源利用效率，使碳排放强度较 2015 年水平下降 15%。2020 年 9 月，在第 75 届联合国大会上，中国政府进一步提出努力于 2060 年实现碳中和的目标。为了实现这一目标，我国越来越重视新能源的发展，相应也增加了对新能源汽车的关注度。

为了支持新能源汽车实现更好更快的发展，中国政府推出了一系列相关政策，如《电动汽车充电基础设施发展指南（2015—2020 年）》、国务院办公厅《新能源汽车产业发展规划（2021—2035）》、国家发展改革委等部门《关于进一步提升电动汽车充电基础设施服务保障能力的实施意见》（发改能源规〔2022〕53 号）等。

工业和信息化部、国家发展改革委、科技部联合印发了《汽车产业中长期发展规划》（工信部联装〔2017〕53 号），提出到 2020 年我国的新能源汽车年产销达到 200 万辆，以及在 2025 年我国新能源汽车占汽车产销 20%以上的发展目标。在世界范围内，其他国家也越来越重视新能源汽车的发展。世界各国相继提出了燃油汽车禁止销售的起始时间，普遍在2030—2040年，如表1-1所示。

表1-1 世界各国传统燃料汽车拟禁售时间

国家	年份	政策规划	发布者
美国（加利福尼亚州）	2030	拟在2030年禁止销售传统燃油汽车	加利福尼亚州空气资源委员会
英国	2040	全面停止销售柴油车、汽油车	英国政府
法国	2040	全面停止销售传统燃油车	法国环保部长
印度	2030	计划2030年禁止销售燃油汽车	印度能源部门
德国	2030	2030年禁止销售传统内燃机汽车	德国参议院通过提案

资料来源：作者搜集资料自行整理。

1.1.2 经济背景

中国信息通信研究院发布的《中国数字经济发展报告（2022年）》显示，2021年中国数字经济规模达到45.5万亿元，同比增长16.2%，占GDP比重达到39.8%。我国从2000年以来便高度重视发展数字经济，2000年提出“数字福建”，2003年建设“数字浙江”。在2021年世界互联网大会乌镇峰会上，习近平总书记指出[1]要激发数字经济活力，增强数字政府效能，对建立数字社会环境、数字合作格局与数字安全屏障都提出了一系列要求。在智能化与信息化一体的大数据时代，共享经济也充分展现了其生命活力。

“共享经济”概念最早在1978年[2]由得克萨斯州州立大学的马库斯·沃森教授和伊利诺伊大学的琼·斯宾塞教授提出，是在以互联网技术为支撑的前提下，利用第三方信息技术平台连接供需双方，使其暂时交换闲置资源的使用权，从而获取利益的一种新型经济模式，这种模式正在逐渐影响与改变着现代人们的观念与生活。共享单车、共享电动车、共享新能源汽车、共享充电宝、共享民宿等共享形式带动了行业经济的发展，同时便利了人们的生活。根据国家信息中心发布的《中国共享经济发展报告（2022）》可知，虽然新冠疫情冲击了全球各国经济的发展，但2021年我国共享经济仍然显示出蓬勃的生命力，截至2021年年底，中国共享经济市场交易总额超 3.6 万亿元，同比增长约 9.2%，而办公空间、生产能力与知识技能领域在各共享经济领域中处于领先地位。总体而言，在疫情因素的影响下，我国的共享经济虽然增速放缓，但仍有着巨大的发展潜力，一旦我国宏观经济复苏与增长，共享经济将会很快崛起。此外，报告还提出了未来我国共享经济发展中应重点关注的 4 个问题：一是社会监管、平台监管等因素对共享经济企业的影响；二是共享经济在参与主体、数据管理等方面的规范化问题；三是平台企业对用户数据的非法收集与滥用问题；四是共享经济企业在发展国际市场中走出国门后有可能面临的新挑战。

1.1.3 社会背景

中国经济高速发展的同时不可避免地带来了交通拥堵、环保问题以及资源不合理利用问题。

（1）交通拥堵

随着经济的蓬勃发展，人民生活水平日益提高，中国汽车保有量也不断提升。公安部于 2022 年 12 月 8 日发布的汽车保有量数据显示，截至 2022 年 11 月底，全国汽车保有量已经达 3.18 亿辆，占机动车总量的 76.63%，其中汽车驾驶人数达 4.63 亿人。同时，根据中国汽车工业协会公布的数据，2021 年全国汽车产量、销量分别为 2608.2 万辆和 2627.5 万辆。据公安部交管局于 2022 年 10 月 8 日发布的数据，截至 2022 年 9 月底，全国有 82 个城市的汽车保有量超过 100 万辆，其中，北京汽车保有量超过 600 万辆，成都、重庆超过 500 万辆，苏州、上海、郑州、西安和武汉的汽车保有量超过 400 万辆，汽车保有量超过 300 万辆的城市有 21 个，超过 200 万辆的城市有 38 个。虽然高增长率与高汽车保有量表明了我国人民生活水平的提高，但同时，道路交通压力也在与日俱增。近年来，我国驾照持有量的增幅已经超过了汽车保有量的增幅，由此可预测未来汽车保有量将会有更高增长。而根据百度地图发布的《2022 年第三季度中国城市交通报告》，在受监测的全国 100 个主要城市中，虽然在高效交通方面，超过 50%的城市通勤日交通拥堵指数同比下降，但是超 70%的城市周末交通拥堵指数上涨，这种情况下，城市交通的拥堵状况仍需改善。

（2）环保问题

2022年生态环境部发布的《中国移动源环境管理年报（2022年）》数据显示，2021年，全国机动车四项污染物排放总量为1557.7万吨，其中，一氧化碳（CO）排放量为768.3万吨，碳氢化合物排放量为200.4万吨，氮氧化物的排放量为582.1万吨，颗粒物排放量为6.9万吨。汽车是污染物排放总量的主要贡献者，其排放的四项污染物总量占比超过90%。由此可见，传统机动车是环境污染的重要源头之一，全球气候变暖、雾霾等现象无不与之有关，人类的健康也面临着严重的威胁。

（3）资源不合理利用

汽车在中国居民的家庭中已逐渐成为必备设施，据中国汽车工业协会发布的2021年中国汽车产销数据，2021年中国的汽车销售量为2627.5万辆，位居全球第一，遥遥领先于年销量不足1500万辆的美国。但汽车闲置现象也十分常见，汽车数量的增长带来了大量停车位的开发，但汽车的低使用率导致这些可供他用的土地只能承载闲置汽车，造成了土地资源的浪费。在国家的宣传引导下，人们的环保意识逐渐增强；在政策的鼓励与支持下，更多企业开始将目光转移到新能源汽车的发展上，许家印、雷军、董明珠等企业家都在新能源汽车的发展上制定了战略性的企业规划。据公安部数据，近5年全国新能源汽车的数量呈现出高速增长的态势，年均增量超50万辆，保有量如图1-1所示。截至2022年9月底，全国新能源汽车保有量为1149万辆，占汽车总量的3.65%，其中，纯电动汽车保有量为926万辆，占新能源汽车总量的80.56%。2022年前三季度新注册登记新能源汽车371.3万辆，与2021年同期相比新注册登记量增加184.2万辆。同时，中汽协发布的数据表明，2022年1—5月，国内新能源汽车产量为207.1万辆，销量为200.3万辆，产销量数据同比均增长1.1倍。从全球新能源汽车销量上来看，2022年1—5月，中国新能源乘用车占据全球新能源车销量的59%。由此可见，新能源汽车正在以高速增长的态势迅速发展，并且发展前景良好。

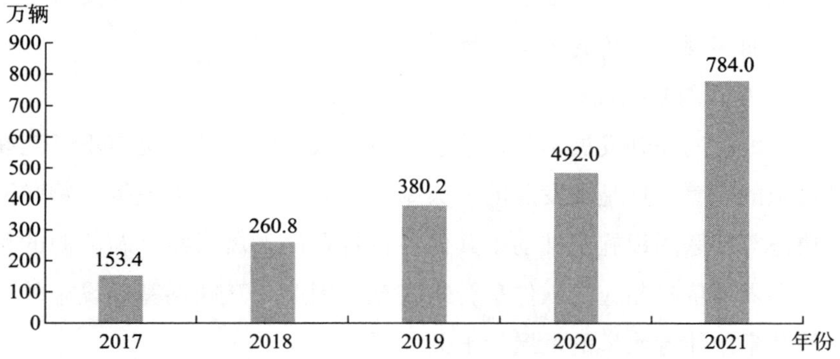

图 1-1 2017—2021 年中国新能源汽车保有量统计情况

1.1.4 技术背景

（1）碳减排途径

当前可以实现资源绿色循环利用的途径较多，光伏和风力发电及制氢、城市生活垃圾制氢以及 CO_2 加氢制甲醇和乙醇技术是其中 3 种[3]。

第一种：光伏和风力发电及制氢。光伏与风力发电利用可再生能源——太阳能与风能进行发电，清洁无污染，降低了对化石能源的消耗，而且除了部分储存供电网使用外，还可通过电解水制氢装置生产出另一种绿色能源——氢能。此外，我国占据着良好的地理优势，风资源集中，有着发展风力发电的优质前提条件；对于光伏发电而言，虽然我国南方日照不够充分，但北方大部分地区都适用光伏发电，由此可见，我国存在着光伏风力发电的优越条件。

第二种：城市生活垃圾制氢。填埋与焚烧是我国目前处理垃圾最主流的方式，但这种方式会进一步污染环境。而热解气化技术可以将有机物分解为简单的气体分子形成 CO 和 H_2，通过 PSA 或膜分离后作燃料或化工原料使用，无害化处理垃圾的同时提升了制氢的经济环保效益。

第三种：CO_2 加氢制甲醇和乙醇技术。CO_2 是全球气候变暖、产生温室效应的主要原因之一，也是碳减排的主要对象之一。但同时，CO_2 也是实现资源循环利用的关键环节：现有技术可将 CO_2 转化为甲醇和乙醇等绿色清洁能源，形成低碳运输燃料，醇类燃烧后又变成 CO_2，进而可以重复利用，从而实现了资源的再生循环利用。

（2）互联网基础设施

共享经济的蓬勃发展不仅得益于政府与人民的支持，也离不开互联网基础设施的完善，这是其发展的一大基础。人工智能、大数据、物联网以及区块链等互联网设施都推动了其他各行各业的发展，共享新能源的租赁模式大多需要依靠相应的软件平台来实现，因此，互联网基础设施的完善将会给共享新能源汽车的发展带来极大便利。

（3）新能源汽车相关技术

电池、电机与电控系统是新能源汽车的关键技术。以氢能源电池为例，它是将氢气和氧气的化学能直接转换成电能的发电装置，具有无污染、无噪声、高效率的特点，其发展为新能源汽车提供了良好的技术基础。

1.1.5 行业背景

（1）共享新能源汽车行业的诞生与发展

共享单车的出现将“共享经济”的概念迅速普及到大众中去，也带动了一系列共享模式的发展。自 2015 年开始，共享新能源汽车在区域试点内规模化扩张，汽车分时租赁的共享模式成为该行业主流，“GoFun 出行”“摩拜共享新能源汽车”“EVCARD”“TOGO 途歌”等企业迅速占领市场，掀起一场汽车行业的新革命。现有的新能源汽车主要类型为油电混合动力型、插电混动型与纯电动型，但考虑到成本问题与发展便利性，纯电动汽车占据市场主流位置。

国家信息中心发布的《中国共享经济发展报告（2022）》显示，2021 年在共享出行领域，以新能源汽车为共享车型的打车平台曹操出行，第二季度月活跃用户与第一季度相比，增长约 1 倍，升至 1101.5 万人。这一数据表明了共享出行行业的广阔前景以及未被满足的用户出行需求正在由共享出行方式填补。

近几年来，共享新能源汽车行业展现出其强大的发展潜力。以 EVCARD

为例。EVCARD 成立于 2016 年，在其成立 5 周年之际，即 2021 年，企业交出了一份亮眼的答卷："1000 万注册用户，3 万辆运营车辆，租车服务覆盖 30 余个城市，每年为 1120 万人次提供出行服务；平均每次用车时长为 7.6 小时，日均产生行驶里程 64 万千米，相当于绕赤道 3 万圈。"EVCARD 始终以市场变革与用户需求升级为导向，逐步实现了品牌呈螺旋式向上发展，并在行业中率先完成从分时租赁到全时租赁的战略转型，稳步构建领先同侪的品牌优势。除此之外，EVCARD 自成立以来，以"共享+新能源"的出行方式，总计节省碳排放量逾 28.5 万吨，相当于种了 1558 万棵树。

（2）共享新能源汽车行业的困境

虽然共享新能源汽车行业前景广阔，但目前一些无法规避的难题限制了其发展速度。初始成本与运营成本高、土地资源稀缺的问题使得相关企业必须做好发展规划；而对于用户来说，"找车难、停车难、充电难"的问题降低了其使用体验感，从而降低了其使用意愿，阻碍了共享新能源汽车的发展，EZZY 等一众企业已倒闭，car2go 已退出中国市场，"盼达用车"也陷入运营困境。

由此分析可知，不管是从企业成本投入角度出发，还是从提升用户体验感出发，选址问题都是共享新能源汽车企业必须重点关注的问题。停车位等基础设施不足、选址位置不合理、车辆分配不合理等问题使得部分网点利用率极低，部分网点车位数量不够等造成顾客流失。科学系统地选址是共享新能源汽车发展的关键一环。现有文献对于该新兴行业的研究较少，且对于共享新能源汽车选址问题的研究并不全面。卢婷等（2017）[4]的研究模型中虽然考虑到了出行距离，却没有考虑到用户需求。吕通等（2018）[5]从企业角度出发以盈利因素为主要目标进行选址，对于消费者出行时的考虑因素并未有细致测量，不能科学预判用户数量。国外学者 Boyaci 等（2015）[6]初步探讨了用户在选择使用汽车租赁出行时是否会在意租车网点的便利性等因素，却未讨论这些因素的具体影响机制。张圆等（2019）[7]研究发现 5 种因素会影响用户对于共享新能源汽车的使用频率：用户职业、使用便利性、使用成本、出行舒适度与驾驶速度。霍月英等（2021）[8]在考虑个人属性、通勤特征与态度潜变量的基础上建立了 SAV

使用意愿模型，研究有哪些因素会影响到用户使用共享新能源汽车的意愿，但并未对如何预测用户的需求量提出具体的量化方法。

综上所述，在前人研究的基础上，结合现实情况从而建立一套科学可行、实用性强的选址模型十分有必要。科学合理的选址既有利于企业投资发挥其最大效用，也有利于提升用户体验感，还对城市交通建设有着举足轻重的作用，同时起到节省社会资源、助力共享新能源汽车行业的发展的作用。

1.2 研究目的与意义

1.2.1 研究目的

（1）从用户需求视角系统探讨消费者对共享新能源汽车选择行为的影响因素

采用文献梳理法、深度访谈法与问卷调查法从满足用户需求的角度出发，考虑影响用户选择共享新能源汽车出行的主客观因素，从而筛选出出行者选择共享新能源汽车出行的主要原因。其中，客观因素包含用户的年龄、性别、学历、职业等基本人口统计学特征，家庭月收入、驾照持有情况、家庭汽车保有量情况的社会经济属性；主观因素包含出行目的、出行需求以及出行方式等日常出行行为，共享新能源汽车的使用频率、使用日期、使用时段，以及驾驶目的地等以往使用经历，环保因素、出行成本、租还便利性、出行紧迫性、出行舒适度、出行私密性、使用风险、疫情因素、出行规模、天气因素等潜在因素。

（2）构建城市共享新能源汽车选址理论分析框架

本研究构建了基于准公共物品与利益相关者理论的“G-B-U”理论分析框架，从3个角度10个方面分析影响共享新能源汽车选址的因素，分别为政府方面的发展规划、区位特征、城市交通与政策规制；企业方面的企业成本、企业收益以及拥挤临界点；用户需求方面的影响因素、需求偏好以及需求量预测。

（3）构建选址模型

基于“G-B-U”的理论分析框架、用户需求预测以及用户选择关键影响因素分析等结果，构建科学合理的共享新能源汽车网点布局模型，在求解模型构建上可分为三大步骤：

第一步，准确预测研究区域内共享新能源汽车的市场需求情况。按照通常情况下居民出行范围，将研究区域划分为均等大小的研究单元并将其几何中心确定为需求点。根据消费者需求的影响因素分析结果，在此基础上结合研究区域的统计年鉴、全国人口普查数据与问卷调查数据等，建立共享新能源汽车需求点需求人口的预测体系，预测出研究单元内共享新能源汽车的市场需求。

第二步，根据问卷调查结论、深入访谈结果以及前人文献研究结论，构建共享新能源汽车备选网点的选址标准，筛选符合要求的潜在网点。

第三步，以需求点与备选网点的点间距作为出行成本依据，构建总出行成本最小化的共享新能源汽车选址模型，选择科学高效的求解方法并对其进行求解，求出最佳网点的分布方案。

（4）以 XZ 市为例验证模型

将 XZ 市的 5 个区——TS 区、QS 区、YL 区、JW 区与 GL 区作为研究对象，以街道/镇为区域划分需求点，结合区域居民数量、研究单元的面积、影响出行者选择因素等方面确定每个需求点的需求人数；再根据备选网点的选址标准将 XZ 市的备选网点筛出，将数据代入构建的选址模型，求出 XZ 市的共享新能源汽车网点选址方案。

1.2.2 研究意义

（1）理论意义

当前的共享经济模式正处于蓬勃发展阶段，但相应的理论研究并不足以形成完善体系支撑其发展。作为共享经济模式代表之一的共享新能源汽车，其选址问题是国内外学者日渐关注的重点研究方向，本研究从需求角度出发对现有研究进行补充。

本研究提出了“政府—企业—用户”视角下的选址因素分析框架并在

此基础上提出了“市场需求预测—备选网点筛选—选址模型求解”的三阶段优化决策选址模型，得出网点选址方案，提高了模型的实际应用性，为共享新能源汽车选址研究提供了理论补充。

（2）实践意义

本研究的开展和完成对国家层面、企业层面、社会层面具有以下积极意义。

第一，国家层面。

高效利用社会资源。共享新能源汽车的发展将会使企业投入的资金更有效率地运转，从而达到资金资源的高效配置；共享新能源汽车的普及还可以有效减少汽车闲置的现象，让每一辆车“物尽其用”；此外，当共享新能源汽车广泛得到大众的认可，成为居民驱车出行的首选时，家庭汽车的保有量便会降低，社会相应需要建造的车位数量便会下降，从而使得土地资源空出得以更好地利用。

改善环境。共享新能源汽车一般由电能驱动，可再生能源利用的增多可帮助非可再生能源的存储，为人类后代保留这笔宝贵的财富；同时，电能驱动的共享新能源汽车无一氧化碳、氮氧化物、碳氢化合物、铅等排放物，对环境更友好，能够更好地帮助人类实现可持续发展。

改善交通状况。全国汽车保有量的提升为交通带来了沉重压力，为此大多城市选择修建或扩建道路以增加道路对汽车的容量。但重大道路工程不仅耗时耗力，需要投入大量资金，而且在建设期间会加重道路拥挤的程度。2016 年 7 月美国加利福尼亚大学伯克利分校的一项调查数据显示，每增加一辆共享汽车将会减少 11 辆私家车，由此可见，共享汽车对于改善交通状况发挥着重要作用。

第二，企业层面。

决定企业盈利的关键。城市土地成本高，企业一旦投资建设网点便不容易进行更改，网点选址有误会导致前期投入大量资金，合理的网点选址规划能够帮助企业节约建设成本，减少资金、土地和车辆等资源的浪费。同时网点选址是共享新能源汽车行业的重要内容，企业网点的分布规划决定了这家企业能否以最低的成本获得最大的客流量。相较于共享单车、共享充电宝、共享洗衣机、共享办公室等共享产业，共享新能源汽车是一项投资高、风险大、管理难且回报低的共享产业，共享新能源汽车企业要提高营业回报率，就要增加共享车辆的使用率，即确保共享新能源汽车的网点选址分布能够满足用户的需求。

第三，社会层面。

加速共享新能源汽车普及。为共享新能源汽车企业提供更加科学高效的网点选址及车辆分配方法，解决阻碍其发展的“找车难、停车难、充电难”问题。

解决部分居民长距离出行问题。中国正处在高质量、高速度发展的阶段，人口密度大，车辆拥有量激增，很多城市都存在“有车没法开”“开车容易停车难”“开车五分钟堵车两小时”等问题，极大地影响了居民的交通出行便利性。目前，“最后一公里”的出行问题已经被共享单车这一行业解决，但中长距离的出行仍然是一个重大问题。公共交通虽然可以很大程度上缓解交通拥堵问题，但由于其发车时间固定，对于用户而言便利性不足，错过一班车可能要多增加几十分钟的等车成本，且由于公共交通的起始点固定，出行者不能直达；使用出租车或者打车 App 又会带来较高的出行花费，相对经济性较低。私家车虽然方便出行，可以节约大量的时间与金钱成本，但是过多的私家车出行又会导致交通拥堵、行车不便，且停车难的问题也制约着私家车的出行。而发展共享新能源汽车能够有效地解决部分居民长距离出行与停车的问题，因此发展共享新能源汽车势在必行。

1.3 研究内容与方法

1.3.1 研究内容

本研究主要围绕着如何建立一套科学可行的系统评估方法，对城市共享新能源汽车的选址问题进行优化，得到科学合理的共享新能源汽车网点布局方案。此次研究主要包括 3 方面：理论分析、模型构建与算例实证。

在理论分析方面，本研究从 3 个角度 10 个方面分析影响共享新能源汽车选址的因素，分别为政府方面的发展规划、区位特征、城市交通与政策规制；企业方面的企业成本、企业收益以及拥挤临界点；用户需求方面的影响因素、需求偏好以及需求量预测。

模型构建方面，在结合理论分析与问卷调查结果的基础上建立选址三阶段模型。

第一阶段，对研究区域内共享新能源汽车的需求进行合理预测。准确预测的前提是必须建立一套科学的评估体系，进而求出需求点以及相应的需求人口。

第二阶段，根据选址影响因素与研究区域的现实因素，在研究区域内筛选适合的共享新能源汽车备选网点。

第三阶段，搭建共享新能源汽车网点选址模型并求解，得出网点布局方案。

在算例实证方面，以 XZ 市为例，验证模型的可行性。

本书的研究思路如图 1-2 所示。

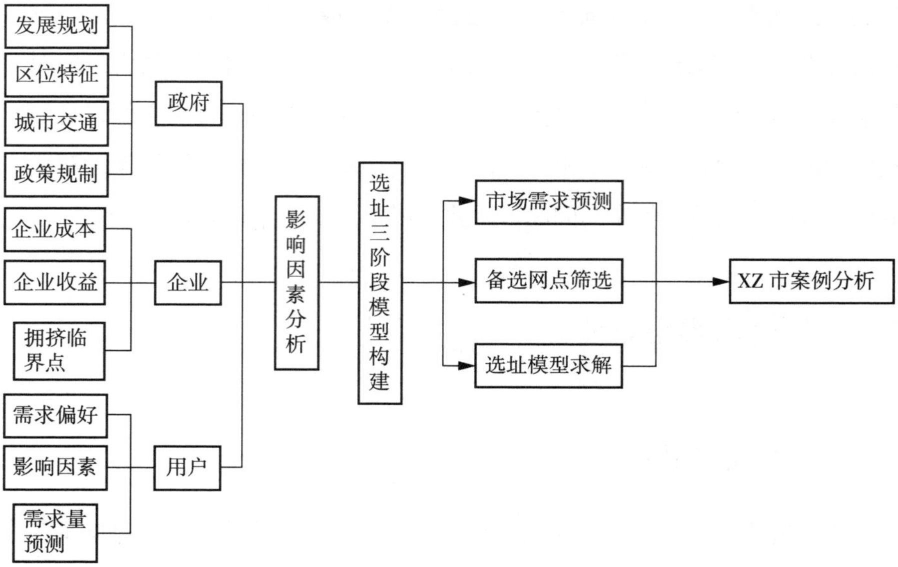

图 1-2　本书的研究思路

1.3.2 研究方法

本研究采用定性与定量相结合的方法，主要方法为文献梳理法、二手数据分析法、深度访谈与扎根分析法、问卷调查法、数学建模法（P 中值模型）等。

（1）文献梳理法

旨在对现有共享新能源汽车的相关文献进行梳理，了解该领域内其他学者的研究问题、研究方向与研究方法，了解该行业的现状，找到现有研究的缺口。拟从研究文献中找出描述共享新能源汽车用户特征的关键属性，并通过对现有选址研究的文献中涉及的影响因素进行总结与归纳，为后期共享新能源汽车需求分析、选址优化、相关政策的制定等提供理论基础。

（2）二手数据分析法

利用最新全国人口普查数据、研究区域的统计年鉴、国土资源局等政府部门官方网站的公示信息，同时参考其他新闻媒体报道的信息，结合一些相关书籍、报纸等涉及的信息对研究区域的社会人口特征、地缘特征、行政区域特征等进行了解，为研究单元的划分、需求点的划分以及各点需求人口的确定提供依据。

（3）深度访谈与扎根分析法

深度访谈是社会科学领域较为经典的定性研究方法，通过对受访样本进行深度询问，获知研究问题的表征与成因。相较于问卷调查法，深度访谈法会对被试者进行更为详细的询问，能更深入地了解并记录其对有关问题的看法，挖掘其想法背后的深层次原因，从而为后续的问卷调查与问题设计奠定坚实的现实基础。扎根理论（Grounded Theory，GT）是一种在系统性收集资料的基础上寻找反映事物现象本质的核心概念，然后通过概念间的联系建构相关社会理论的自下而上建立实质理论的定性研究方式，研究者在研究开始之前一般没有理论假设，直接从实际观察入手，从原始资料中归纳出经验进行概括，然后上升到系统的理论。本研究借助扎根理论解析了城市共享新能源电动汽车的用户需求影响维度，并识别了关键因素，为后期市场需求预测奠定了基础。

（4）问卷调查法

问卷调查法是指基于上述文献梳理、二手数据分析与深度访谈的结果设计完善的问卷，通过获取被调查者的基本信息、设置关键指标问项、对被试者以往的出行行为与未来的出行意愿等进行探讨，挖掘各项信息可能存在的关联关系，获取一手数据，对文献梳理与二手数据分析的结果进行补充（见图 1-3）。

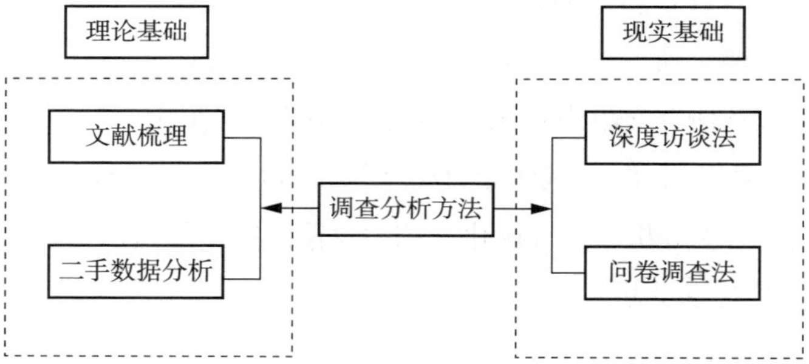

图 1-3　调查分析思路

（5）数学建模法（P 中值模型）

P 中值模型适用于选定 *P* 个满足全部距离/时间/费用最小的设施点的选址问题。刘子先与李晓鹏（2013）[9]认为 P 中值模型可以最好地反映需求在目的点得到服务的路径最优化过程。Aksen D. 等（2013）[10]将 P 中值问题的目标定义为在给定数量的潜在站点中确定 *P* 个设施的最佳站点，以尽可能低的成本满足客户需求。

由分析可知，P 中值模型适用于以用户出行效率为导向，将各需求点的需求量作为权重，通过需求点到备选网点的总距离最小确定最终选址点的共享新能源汽车选址规划问题。

1.4　相关界定

广义上的共享新能源汽车是指汽车使用权与所有权分开，通过租赁等模式将闲置资源盘活，使新能源汽车在不同用户之间使用流转。这种模式既包括传统通过中介平台的汽车租赁[11]，也包括分时自助取还车的新兴模式，在该模式下，共享新能源汽车的规格统一，用户通过下载 App 可自助寻车、租车与还车。长期来看，共享新能源汽车模式可以缓解城市交通拥堵问题，现有共享汽车多采用新能源汽车，绿色环保无污染，对城市环境十分友好。此外，车辆的维护与保养成本摊至多位用户，降低了用户的用车成本。与此同时，优化社会资源配置也是发展共享新能源汽车所带来的好处。

1.5 研究创新点

本书的研究创新点体现在以下方面：

(1) 提出了“利益相关者—准公共物品视角”的“G-B-U”三角理论分析框架

以往相关研究多聚焦于企业成本收益、技术可行性以及用户采用意愿的单维度零散分析，尚缺乏对城市公共共享产品选址的理论指导和系统分析框架。为此，本研究从不可分割性、有限竞争性与非排他性的准公共产品属性出发，基于利益相关者理论，系统解析城市共享新能源汽车不同利益相关者的角色、功能、价值及核心利益，最终梳理出城市共享新能源汽车布局与发展的三大核心利益相关者即政府、企业与用户；并将公共利益、社会效益和企业经济利益综合考量，由此构建了基于“利益相关者—准公共物品视角”的“G-B-U”三角理论分析框架。该理论框架提出了政府、用户与企业的角色定位、核心功能与运作关系，提出了政府为核心引领，政府规划、协调与监督，企业投资、供给与运营，共同促进并满足用户采用、消费与绿色出行的理论分析体系，为后续共享新能源汽车市场需求影响因素分析及网址选择奠定了理论基础。

“G-B-U”三角理论分析框架的提出引入了准公共物品理论，充分考量了共享新能源汽车的准公共物品属性，将城市交通、低碳环保、居民便利融为一体，实现了经济效益、社会效益和环保效益的协同，弥补了现有研究多基于经济效益单维度考量的缺陷，为城市共享新能源汽车的系统分析和解构以及产业布局和发展提供了系统性理论分析框架，在理论上进一步拓展了共享经济、城市经济、物流选址与公共管理的融合研究。

（2）解构了城市共享新能源汽车选址影响因素

系统解构了“G-B-U”框架下的城市共享新能源汽车选址影响因素体系。借助扎根理论解析了用户需求维度，识别了关键因素，为后期市场需求预测奠定了基础。

基于“G-B-U”三角理论分析框架，本研究从政府、企业和用户三维主体的核心价值和切实利益出发，从10个具体维度梳理了城市共享新能源汽车选址影响因素体系（见图3-5）。特别是，将城市共享新能源汽车的准公共物品属性纳入企业量本利分析中，讨论了拥挤临界点对用户采用、共享新能源汽车投放数量及企业运营绩效的影响。同时，与以往研究相比，本研究借助扎根理论，采用具有使用经验和不具有使用经验的两类群体对比分析方法，将用户需求划分为便利程度、出行特性、用户主观意识与客观环境4个范畴，首次将出行天气和疫情等情境要素和卫生、环保、可持续绿色发展等社会因素及主观意识纳入城市共享新能源汽车的消费者选择影响因素分析体系，拓展和丰富了现有城市共享产品的消费选择理论。

（3）构建了城市共享新能源汽车市场需求预测模型

以往类似研究的市场需求预测模型多基于简单的人口统计变量构建，本研究在深度讨论和扎根分析基础上从社会人口统计变量和用户意愿两个维度系统梳理出城市共享新能源汽车消费（采用）的影响因素，前者包含性别、年龄、收入、学历、驾照持有情况、家庭月收入、日常出行方式、共享新能源汽车使用经历、家庭车辆拥有情况等，其中共享新能源汽车使用经历对用户后续消费重购具有重要意义；后者主要包括出行目的、低碳环保、出行时段、天气、使用风险、出行成本、出行舒适度与出行便利性等方面，并首次将天气、疫情等因素考量在内。

最终本研究基于社会人口统计变量和用户意愿两个维度，特别是共享新能源汽车使用经历对后续使用意愿的影响和比例构建了城市共享新能源汽车市场需求预测模型。相较于以往基于人口数量和物理空间人口密度构建的预测模型，该模型大大提升了城市共享新能源汽车市场需求预测的精准度。

2

文献综述

目前，国内外学者对于共享新能源汽车的研究主要集中在共享新能源汽车的运作模式、消费者使用意愿、系统规划与行业发展、选址模型构建及影响因素、电池能耗问题等方面。总体来看，基本基于企业、需求、技术和综合规划等几个维度展开，具体如下。

2.1 企业维度的运作模式

共享新能源汽车的租车与取车的方式不同，从而导致了多种不同的运作模式。其中字母 ABCD 代表网点，X 代表任意可停放区域（见表 2-1）。

表 2-1 共享新能源汽车的运作模式

运作模式	租赁模式	取还模式
往返网点式	A 借 A 还	取还车固定站点
单程网点式	A 借 ABCD 还	取还车可不同站点
自由流动式	X 借 X 还	没有限制

资料来源：杨宇．城市共享新能源汽车选址—分配研究［D］．北京：中国矿业大学，2019.

（1）往返网点式

往返网点式是指用户的取还车地点一致的共享用车模式。这一模式虽然免去了企业的车辆调度，但对于用户而言并不便利，甚至带来额外的经济成本与较差的体验感，在用户出行距离较远或者用户单程出行的情况下，该模式并非优选，该模式下企业的目标客户群会大大减少。

（2）单程网点式

单程网点式是指用户可选择将共享新能源汽车停放在企业规定的任意

网点的模式。该模式中企业固定取还车地点，便于车辆管理与调度，同时用户可根据出行需求就近取还车，用车较为灵活，只要出行目的地附近具有网点便可安心用车，给用户带来的使用体验较好，也是当前大多共享新能源汽车企业采取的模式。

（3）自由流动式

自由流动式是指企业无规定的还车地点，用户可随意取还车的模式。在共享单车发展的早期曾采用过这种模式，但随之而来的弊端很快显现：企业管理困难与车辆乱停乱放的城市交通乱象等问题层出不穷。在有关部门出台政策进行管理后，该模式已被取缔。由于共享新能源汽车车辆占位较大，容易挤占公共空间且对于企业而言调度成本较高，因此该模式与共享新能源汽车具有先天不适应性，在国内并无企业采用。

2.2 需求维度的使用意愿

Jaiswal D. 等（2021）[12]采用扩展的技术接受模型“信念—态度—意图”探究对消费者使用电动汽车意愿的影响因素，该研究表明电动汽车的采用意愿直接或间接地受到态度、感知有用性、感知易用性和感知风险等预测变量的影响，其中，感知有用性对消费者使用意愿的影响程度最大。

Shaheen S. A. 等（2010）[13]通过向北京地区 800 名居民发放调查问卷，了解人们的日常出行方式与出行目的，发现活动目的主要有工作、朋友和家人、儿童学校、购物和休闲旅行；同时对人们做出是否购买汽车的决策时考虑的因素进行了调查，发现便利性与舒适性是购买者重视的主要因素，而购买与使用成本、交通便利性与停车限制则是阻碍消费者购买汽车的主要原因。此外，他们研究调查了用户期望的汽车共享位置，发现居住社区、工作场所/学校与轨道交通站是排名前三的期望选址位置。该研究还对被试者期望的共享新能源汽车车型、租车方式等进行了调查。

张荣花等（2022）[14]基于计划行为理论，从出行属性、个人属性与感知属性 3 个维度 13 个变量定量分析了影响用户使用共享电动汽车的因素，实证结果表明，收费是否合理、出行的舒适度、租还是否容易是影响出行者对电动汽车态度的最主要因素，而主观规范、态度、感知风险与知觉控制行为对其使用意愿有着显著影响。相关企业可以通过提升车内环境、合理规划停车点布局提升便利性，通过实施灵活的还车制度、完善相关服务等方式提高共享电动汽车的使用率。

余静财等（2021）[15]通过构建出行行为选择模型从用户角度出发探讨共享电动车的选择行为，结果发现，了解程度、是否拥有车、舒适度、快捷性、用户的行为态度、使用偏好、行为意向以及一些障碍是影响其选择行为的主要因素。想要促进共享电动汽车的发展，可以从普及相关知识、增进大众对共享电动汽车的了解，合理规划租赁站点布局，增加税收抑制家庭小汽车的发展等方式来鼓励大众选择共享电动汽车出行。

霍月英等（2021）[8]建立了 SAV 使用意愿模型，将个人属性、通勤特征与态度潜变量引入模型，研究影响用户对共享自动汽车使用意愿的因素。研究发现，目的地收取停车费、使用过拼车出行、支持自动驾驶的出行者更倾向于使用 SAV 出行，且他们希望每千米的收费低于或者与拼车出行的成本相当。

Sun X. H. 等（2016）[16]对电动汽车用户如何选择充电站进行快充做了研究，发现用户通常更喜欢在需要较少绕道的加油站充电，使用位于加油站的充电器，并且受到剩余费用的显著影响。商业用户更喜欢在其出行路径上早些时候遇到的站点充电，而只有在工作日旅行的私人用户才会表现出这种偏好，他们在高峰时段选择站点时更喜欢稍后遇到的站点。通常只有在工作日旅行的私人用户对免费收费表现出强烈的偏好。

2.3 技术维度的电池能耗问题

部分学者开展了对共享新能源汽车电池与能耗的研究。纪少波等（2022）[17]从能耗的角度对纯电动共享新能源汽车进行了研究，将驾驶行为特征归结为 5 大类 25 个具体参数，从起步、停车与运行 3 方面研究能耗情况以及每一阶段能耗与总能耗、百千米能耗的影响。研究结果表明，起步、停车与运行三阶段中，对能耗产生显著影响的特征参数不同；起步阶段是以平均车速、加速踏板平均开度与车速标准差为主要因素，驾驶者将平均车速控制在 10~40 km/h，将加速踏板开度范围控制在 10%~20%时可以有效降低能耗；停车阶段有 4 个因素对能耗起到主导作用，分别是平均车速、车速标准差、加速时间占比与减速时间占比，在停车阶段可以将平均车速控制在 20~30 km/h；在正常运行阶段，运行时长、平均车速、加速踏板平均开度、车速标准差发挥了主导作用，当车速控制在 40~60 km/h，且加速踏板开度范围控制在 10%~20%时，百千米能耗最低。一些学者认为共享电动汽车与传统家用车很大的不同在于共享电动汽车的电池型号较为统一，更容易实现电池的更换，而且通过更换电池的方式可以提高共享电动汽车补充电能的效率，因此着手研究混合充换电站的选址问题。

李晓娟等（2021）[18]认为，电池与电动车行驶里程息息相关，如果用户在使用途中发生由电池原因引起的车辆抛锚或过度放电的情况会很大程度上降低出行者的使用意愿，因此从电力损耗预测角度研究如何对共享新能源汽车进行路径优化。他们对不同情境下共享新能源汽车的电力使用情况进行了分析，使用平均电量损耗法循环迭代计算了电量损耗情况并对余下的电力进行了估计；之后将城市道路网与电车充换电地址纳入考虑，构建动态路径优化模型并求解，为用户选择最优路径提供了建议。

2.4 综合维度的系统规划与选址

2.4.1 系统规划与行业发展

Shaheen S. A. 等（2013）[19]通过整理 2006 年、2008 年与 2010 年的调查数据，总结了汽车共享业务扩张的六大关键因素：能源成本上升、经济不确定性、汽车共享主流化、跨国汽车共享运营商的扩张、单向汽车共享和个人汽车共享的增长，以及传统汽车租赁提供商和汽车制造商对汽车共享业务的增加。

Winter K. 等（2021）[20]探讨了将自动驾驶车辆引入城市所带来的机会与威胁，研究发现交通部门采用限制停车设施的停车管理策略可以减少乘客等待时间，减少交通拥堵，停车管理可用于改善整个城市以及选定区域的各个方面的服务，但与此同时会导致服务外部性，总而言之，在网络中尽可能均匀地分布空闲车辆是有益的。

Kumar R. R. 等（2021）[21]对于充电桩等电动汽车基础设施的出资建设方进行了讨论，并制定了4种模式：①电动汽车制造商投资建立充电基础设施，并向电动汽车消费者提供政府补贴，即模式M；②电动汽车制造商投资建立充电基础设施，即模型R；③政府投资建立充电基础设施，并向电动汽车消费者提供补贴，即模型MG；④政府投资建立充电基础设施，即模型G。研究结果表明，模型MG和模型M在产生最大电动汽车需求和市场份额方面同样有效，尽力开发充电基础设施十分有必要。

Pucci P.（2021）[22]以米兰为研究区域，通过构建6种场景且以空间划分为依据确定电动车的需求情况，该研究发现，相同的政策措施在不同的情景中将会产生不同的影响。

李嫚嫚等（2021）[23]对共享电动汽车的系统规划问题进行了研究，从需求价格弹性出发，建立共享新能源汽车系统配置模型并求解，通过算例证明了在对共享电动汽车进行系统规划时，将共享需求不确定性纳入考虑非常有必要，而且该系统利润会受到共享需求弹性、方差与需求量的影响，且与需求量和需求方差呈正相关关系，与需求弹性绝对值呈负相关关系。

李牧南、黄槿（2020）[24]对以共享单车、共享新能源汽车等为代表的共享经济发展进行研究发现，阻碍我国共享经济发展的主要原因有4个方面：一是我国共享经济的资源并非闲置资源，而是为开发共享模式而推出的增量资源，进而演化为新的负担；二是形式为共享，实质为租赁；三是与绿色减排的目标背道而驰，监管与激励措施缺席；四是本质不变的情况下滥造商业模式，以赚钱为出发点而并非盘活资源，改善环境。

此外，停车位不足、城市交通拥堵也是阻碍共享电动汽车发展的重要因素，对此，姬杨蓓蓓等（2022）[25]对共享电动汽车的停车位置进行研究，提出“共享新能源汽车”与“共享停车位”相结合的模式（即 SEV+SP 模式），并对其定价方式进行了探讨，结果表明，较低的停车费用与较高的时变租赁费用的定价方式既符合社会效益的期待，又能降低交通排放成本。

2.4.2 共享新能源汽车选址的影响因素

曹可心、邓羽（2021）[26]从供需理论出发研究了城市共享新能源汽车分布的时空演变及影响因素，根据时空异质性将共享新能源汽车的分布分为“早晚”型、“日间”型与“均匀”型；在研究中发现出行需求是影响其空间分布的重要因素之一，共享新能源汽车的目的地主要有购物场所、科教文化场所、医疗保健场所等公共场所；并基于这些研究结果对政府建设相关设施提出了建议：可以将“日间”型集聚中心、居住空间与公共服务场所作为资源的重点布局对象。

仝德等（2021）[27]对 2018 年上海市共享新能源汽车的运营数据进行了整理与分析，对用户使用共享新能源汽车的时间、空间与频率特征进行研究，发现工作日与休息日的数据特征存在明显差异：工作日的早晚高峰使用量大且空间分布集中，而休息日的使用量大于工作日且空间布局分散。按照使用频率可分为 10 种模式，中高频使用的用户单次行驶里程较长，且主要活动地点集中在中心城区与副中心区域；而低频率使用的用户主要使用场景为夜间、长途、加班等普通出行方式成本较高或不便利的情形，且空间分布分散。基于研究结果，提出对出行者提供差别化用车方案，如包月、包周等收费方案，优化车辆调度的方式，促进共享新能源汽车的发展。

汪洋等（2022）[28]考虑到用户出行体验，同时为缩减企业成本，将交通网络、使用场景、充电站建设与维护、出行者行程不确定性等因素纳入动态随机规划框架，构建充电站布局与类型优化模型；同时发现在影响充电站规划的诸多因素中，预算、电价与权重因子会起到重要的决定作用。

2.4.3 选址模型构建

现有文献中对于选址模型的构建主要分为5个方面：第一方面是从企业角度出发，模型构建的主要目标是使企业成本最小化，利润最大化；第二方面是从用户角度出发，模型构建主要目的是使用户的出行成本最小，获得效用最大；第三方面是从电网出发，考虑电网承载能力、电网容量、用电安全等因素构建模型；第四方面是基于社会总效益最大化、系统管理等角度构建模型；第五方面是根据现实数据利用更优化的数理方法构建评价模型，进行选址优化。

（1）企业成本最小化、利润最大化

Worley O. 等（2012）[29]在经典车辆路径问题的基础上，以最小化旅行成本、充电成本和充电站选址成本之和为目标，将充电站定位和电动汽车路线设计问题表述为离散整数规划优化问题并进行求解，证明了模型的合理性。

黄振森、杨珺（2015）[30]以将充电站建设成本降到最低且满足供电需求为目标，从充电桩数量与用电配额两方面衡量充电站服务容量，将这一指标纳入现有模型，从而建立新的充电站选址模型，并应用到湖北省高速公路网充电站规划中去，发现充电站建设需要考虑到安全电量水平与行驶范围等因素。

李永竞、裴文卉（2023）[31]综合考虑影响选址的因素与建设成本，对充电站提出了三阶段选址方案：首先，采用层次分析法，利用多个地域的大数据对影响选址的多种因素进行综合分析与评价，建立相应的评价体系；其次，在同时考虑用户便捷性与企业营利性的条件下构建最低成本目标下的选址优化模型，并利用改善后的免疫粒子群算法求解；最后，将增扩问题考虑在内，利用 Voronoi 图确定新增站点。

Mirzaei M. J. 和 Kazemi A.（2020）[32]对电动汽车停车场选址优化问题进行了探讨，采用动态规划的方法来确定配电系统中电动汽车停车场开发的最佳数量、容量、位置与开发时间。此外，该研究还从企业利润出发，通过调查预算短缺、预算不确定性和不同年度的分配类型等问题，研究了预算对电动汽车停车场动态规划的影响。研究结果表明，本研究提出的动态规划方法能够在考虑财务限制与系统约束的情况下帮助企业获取最大利润。

Li X. 等（2016）[33]提出了一个连续近似模型，以确定在随机动态出行需求下，以综合建设成本最低为目标的共享新能源汽车选址的位置与相应的汽车投放规模。

Zhu Z. H. 等（2016）[34]以最小化总成本为目标，对纯电动汽车充电站选址问题进行了模型构建，通过该模型对充电站位置以及每个充电站配置的充电桩数量进行了确定。

陈征等（2013）[35]从可再生能源利用率以及投资运行成本角度出发，以充电功率需求分布及平衡、储能系统电量为约束条件，提出多目标优化模型，并通过 NSGA-Ⅱ的寻优机制求解最优方案。

Liu Z. 等（2012）[36]以充电站相关的投资成本、运营成本、维护成本和网络损耗成本等总成本最小化为目标函数，以 EV 充电站的允许最大变压器容量限制、EV 充电站补偿所需无功功率的下限和上限、每个总线的电压下限和上限、电动汽车充电站的允许最小和最大充电功率限制 7 个非等式约束条件为限制，建立了电动汽车充电站优化规模的数学模型，并用改进的原—对偶内点算法（MPDIPA）求解。

Kazemi M. A. 等（2016）[37]从企业角度出发，在配电公司利润最大化的目标下，开发一种新的方法来确定电动汽车停车场的最佳数量、位置以及容量，利用 K 均值聚类法确定停车场数量，使得预测停车场的收入与成本更贴近实际。

（2）用户成本最小化、效用最大化

陈静鹏等（2016）[38]从用户需求出发，兼顾运营商利益，利用动态仿真技术对电动汽车一周的出行进行模拟，将充电需求的空间分布考虑在内，着眼于用户空驶成本最小，建立优化的 EV 充电站规划模型。

邵赛等（2016）[39]认为提高用户效用可以使企业在竞争环境中取得优势，是充电桩选址时应该考虑的重要因素，因此从用户角度出发，以排队时间与电动汽车里程为约束，以最大化用户效用为目标，建立充电桩选址模型，采用免疫优化算法进行求解，为充电站运营商提供更好的选址方案，帮助其动态调整充电桩开放数量，合理分配资源。

陈振等（2021）[40]考虑到传统充电桩规划模型并未对资源进行充分均衡的分配，提出以充电效率为导向，设置充电需求等 3 项约束条件，以出行效率与服务能力为目标，建立多因子约束 P 中值模型并采用贪心算法进行求解，进一步通过 Matlab 工具求得全局最优解，最后进行实例验证发现，优化后的模型能够大幅提升各布点的资源均衡性与充电便捷性，显著减轻了对供电网络的负荷压力，为充电桩布局提供了更优解。

Kelley S. 和 Kuby M. （2013）[41]通过对加利福尼亚州的 259 名汽车司机进行调查获取其住址以及加油前后的停车位置，利用地理信息系统分析了其行程时间最短的路线和选择的加油站，研究发现，规划早期加油基础设施的最佳位置模型应通过服务于驾驶员经常使用的路线，而不是其家乡位置来最大限度地提高便利性，并且高交通量道路附近的位置可能是早期站点的理想候选位置。

Davidov S. 和 Pantoš M. （2017）[42]从满足电动汽车车主/驾驶员期望的充电可靠性和服务质量来最小化总成本的角度提出了一种充电站布局优化模型，该模型考虑了电动汽车的充电可靠性和行驶里程限制，使用集合建模来表示道路网络和电动汽车行驶轨迹。

杨珍珍、高自友（2018）[43]利用大量的位置数据，通过 4 步走方法确定电动汽车充电桩选址：首先通过大数据确定可能存在的需求位置；其次将目标区域划分为大小相等的网格；再次结合需求位置与网格，计算每一网格的交通需求量；最后将每一网格的交通需求量作为排序标准，选取排序靠前的网格作为潜在的充电站选址位置。

Zenginis I. 等（2016）[44]分析认为，各种电动汽车模型可以根据其电池大小进行分类，并通过考虑可用充电点、随机到达过程和各种电动汽车类别的随机充电需求来计算客户在队列中的平均等待时间。他们在此基础上提出一种策略，允许充电站在不增加排队等待时间的情况下为更多客户提供服务，并通过仿真模型验证该分析模型的高精度。

曹弋等（2016）[45]在轨道交通停车换乘条件下，以车辆总出行距离最短为目标，构建 Logit 模型以确定停车需求，并在此基础上建立停车场选址优化模型。

杨俊等（2015）[46]在对各类电动汽车充电模式进行分析的基础上，将出行需求、使用习惯、充电设施等影响 EV 充电负荷的因素考虑在内，对电动汽车的充电负荷进行预测并对充电桩的充电需求进行计算，以市场需求与可行性两种因素为约束，提出了一种基于分区充电需求系数的电动汽车充电设施选址定容方法。

卞芸芸等（2017）[47]将充电需求分为 4 种类型，以充电需求为导向对充电设施进行规划。

段庆等（2017）[48]考虑了如何在确定住宅区充电桩数量的前提下，满足电动汽车分布不平衡的充电需求，使得用户充电距离最小，同时在考虑电动汽车充电频率的条件下对公共充电桩选址进行规划。

刘锴等（2015）[49]从 3 个角度出发对比了点需求模型与路径流量需求模型各自的优势与不足，对两类模型提出了对应的改进建议，认为电动汽车的续驶里程、充电时长等问题应考虑在模型中。

（3）电网承载能力、容量、用电安全等

付凤杰等（2018）[50]从 ANPR 数据获取车辆行驶路线的记录并仿真模拟其出行，在特定充电站布局情形下，计算其充电需求，并将运营商利润、充电成本与电网负荷 3 种因素考虑在内建立模型，采用遗传算法对选址与定容进行优化，最终得到最优布局方案。

Bayram I. S. 等（2015）[51]提出适用于大型网络与小型网络的两种类型框架，确保了电网的可靠性，并显著节省了容量。

Pan F. 等（2010）[52]将充电需求、充电负荷与电网发电能力 3 方面因素考虑在内对电池交换站的选址方案进行探讨。

Phonrattanasak P. 和 Leeprechanon N.（2014）[53]从快速充电站带来的线路损耗与充电站位置两个因素出发，提出了用于住宅区快速充电站规划的多目标蚁群优化方法，旨在最小化配电系统的线路安装总成本和线路损耗，同时维护系统安全。研究结果表明，该方法在满足技术、地理和安全约束的情况下，以最小的总成本和损耗找到了住宅配电上快速充电站的最佳位置。

Mozafar M. R. 等（2017）[54]从电能质量、功率损耗与电压偏差等电力系统角度出发，提出了一种同时优化可再生能源和电动汽车充电站位置和规模的新方法、一种管理电动汽车充电过程的优化策略，并基于电动汽车参数和可再生能源模型，提出了一个多目标优化问题，研究采用 GA-PSO 混合改进优化算法求解优化问题。

曾博等（2017）[55]在考虑到电网的基本物理结构、风电等间歇性 DG 出力、常规用电以及 EV 充电负荷时空分布的不确定性等因素的基础上，以投资运行成本最小化为目标，构建智能停车场选址定容的两阶段模型并采用遗传算法求解。

Wang G. 等（2013）[56]提出了一种可以在保证充电服务进行的同时，减少配电系统的功率损耗与电压偏差的多目标电动汽车充电站规划，并采用交叉熵方法求解，该模型在仿真中取得了良好的效果。

栗然等（2021）[57]以对用户捕获程度最大、配电系统网络损耗最小以及配电系统电压偏移最小为目标，建立了最优规划模型并进行求解。

（4）系统管理、社会效率与效益

Ip A. 等（2010）[58]针对交通密度大、街道空间有限、电网分布等充满复杂因素的城市化地区，提出了一个两步模型以对城市充电站布局进行规划，第一步是将道路信息量化为数据点并通过层次聚类分析将其汇聚成“需求集群”；第二步是将优化技术应用于需求集群，在考虑一定的约束条件和成本因素的基础上满足供给和需求。

Wang H. 等（2011）[59]建立了一套可持续、可扩展的多目标充电站规划模型，在考虑现有加油站分布位置的基础上，以需求优先级为依据进行了模型求解。

Jorge D. 和 Correia G. （2013）[60]提出了一个单向汽车共享系统模型对单程共享租车网点进行优化。

Hongzhi Miao 等（2019）[61]基于两阶段多目标优化模型，实现了两个主要目标，即在第一阶段优化适当的地理服务区域和充电基础设施，在第二阶段有效地处理充电基础设施分配问题。

Lemme R. F. F. 等（2019）[62]在考虑经济、技术与环境的约束条件下，将共享价值原则中的可持续性问题纳入优化模型，将定量评估方法与共享价值的定性可持续性描述原则相结合，以构建支持复杂问题决策的优化模型；此外，他们还研究开发了综合灵活的模型，能够评估多种环境，从具有原始信息的文献中汇编数据，使研究结果更接近真实案例。

Wang H. 等（2015）[63]研究与设计了一种基于车辆推荐和调度算法的电动汽车共享系统全服务模型，该模型可以实现高效的车辆管理，并将时间匹配、站点推荐、车辆利用率和客户满意度等因素考虑在内。研究通过利用该模型对 GreenGo 进行仿真，证明了算法的有效性。

何敏藩、王玥（2018）[64]以资金与服务能力为约束条件，引入效用理论，对充电设施不充足的情境下高速公路充电桩选址与定容优化问题进行了探讨，建立了相应的优化模型并改进了遗传算法进行求解，利用实例验证并发现，改进充电能力对增加高速路上使用充电桩的车辆数量有明显效果。

He F. 等（2013）[65]将公共充电机会的可用性、电力价格以及插电式混合动力汽车（PHEV）在区域交通和由 PHEV 耦合的输电网络中的目的地和路线选择之间的相互作用等因素考虑在内，开发了一个均衡建模框架，并应用该建模框架确定该地区大都市之间给定数量的公共充电站的最优分配，以最大限度地提高与耦合网络相关的社会福利。

Sadeghi-Barzani P. 等（2014）[66]将电站开发成本、电动汽车能量损耗、电网损耗以及变电站和城市道路的位置等因素考虑在内，构建了一种混合整数非线性优化方法，并利用遗传算法技术求解，优化充电站的布局和规模。

Kaya Ö. 等（2022）[67]提出基于地理信息系统（GIS）的模糊多准则决策方法来解决共享电动汽车的选址问题，该方法共有三步：第一步，确定影响选址的最主要因素，包括能源、经济、社会与交通等，并且使用模糊层次分析法（f-AHP）对这些因素进行加权处理；第二步，通过 GIS 获得潜在生态系统的适用性图；第三步，通过消除和选择转换现实对根据适用性图分配的生态系统的性能水平进行排序。

Dong J. 等（2014）[68]分析了公共充电基础设施的部署对增加电动行驶里程的影响，提出了一种基于活动的评估方法，以评估 BEV 在真实驾驶环境中对异质旅行人群的可行性，利用遗传算法寻找公共充电站的最佳网点。

Khalkhali K. 等（2015）[69]采用两阶段程序优化充电站规划方法，提出一种新的公式来确定充电站的最佳尺寸和位置，以最大限度地提高配电系统管理器的效益。第一阶段根据车辆充电和放电的效益总和与配电网满足网络负载需求的效益两方面确定候选位置与规模；第二阶段优化改进，将充电站分为高效充电站和低效充电站，且仿真结果表明，适当的规划可以带来经济效益，改善有功功率损耗和电压分布。

Lopes R. B. 等（2016）[70]提出了一种混合遗传算法，遵循标准遗传算法框架，在变异阶段使用局部搜索过程，对容量受限的位置—路由问题进行求解。

Guo S. 、Zhao H. （2015）[71]从可持续性角度构建了电动汽车发电厂选址评价指标体系，该指标体系由环境、经济和社会标准组成，然后专家评分确定权重，最后采用模糊 TOPSIS 法对电动汽车充电站的备选方案进行排序，将模糊 TOPSIS 方法应用于电动汽车控制系统选址。

程宏波等（2016）[72]以经济效益与社会效益总的收益最大化为目标，建立收益最大化的规划模型并采用微分进化算法求解。

谭洋洋等（2016）[73]将电动汽车充电站规划的影响因素归纳为 5 个方面，在考虑社会效益、投资者经济效益和充电者经济效益的基础上确定了设计规模、投资成本、便利程度、邻站距离等 8 个评价指标，采用模糊物元分析法理论评估了充电站的规划方案并论证了方法的可行性。

Ge S. 等（2011）[74]将路网结构、配送系统结构、容量与车流量信息作为约束条件，以用户到充电站途中的浪费成本和站线投资之和最小为目标选择站点和插电地点，并基于排队论对站点容量进行优化配置。最后，同时考虑电力公司和电动汽车用户的利益，以全社会成本最小为目标完成规划方案的优化。

Aghajani S. 和 Kalantar M. （2017）[75]提出了一种停车场管理合作博弈

模型来实现公用事业公司利润最大化和停车场成本最小化。

Bioki M. M. 等（2013）[76]首先研究了插电式混合动力汽车在停车场的概率出勤模型，利用径向基神经网络得到停车场的期望插电式混合动力汽车数量和等效发电容量。其次采用 GA-ANN 混合启发式方法求解了 V2G 停车场的特定 UC 问题，提出了对 V2G 停车场插电式混合动力车数量进行实时估计并实时解决负载变化下的 ucv-V2G 问题，并将该方法应用于标准 IEEE 10 单元测试系统，取得了良好的效果。

陆荣琴等（2021）[77]为解决用户换车难的问题，同时考虑到提升企业利润率的目标，通过构建混合整数非线性规划模型对共享新能源汽车的还车策略进行研究，发现临时车位最高可帮助企业提升利润 25%，供需持平时，企业拥有的临时车位越多，给企业带来的收益就越高；而空余车位在供小于需的条件下会给企业带来最高的利润率，可提升 37%。

（5）数理评价方法

吴丽霞等（2016）[78]认为现有的灰色层次分析法、熵权法与模糊评价方法的评价指标体系均不够完善，因此在电动汽车的现实发展状况条件下采用熵权模糊物元法建立了电动汽车充电站选址的评价模型。

魏玲（2016）[79]采用多层次灰色评价方法和符号计算软件 Mathematical 确定各层评价指标的权重，构建了共享新能源汽车充电设施选址问题的多层次灰色评价模型，并用实际算例进行了评价研究。

乌云娜等（2017）[80]考虑到不确定信息的模糊性与随机性，利用网络层次分析法得到各个影响指标的权重，综合效用理论和级别高于关系决策方法的优势，提出了一种新型充换电站选址优化模型。

Awasthi A. 等（2017）[81]以印度阿拉哈巴德市充电站基础设施为例进行选址的优化，利用基于遗传算法和传统粒子群优化改进版本的混合算法寻找阿拉哈巴德配电系统中充电站的最优位置。通过对阿拉哈巴德市实时系统的仿真研究，验证了上述技术在改善电压分布和质量方面相对于遗传算法和粒子群优化的优越性能。

Tao Y. 等（2018）[82]基于武汉 196 辆纯电动汽车的真实驾驶数据建立了优化充电设施布局的数理模型。

Xu J. 等（2018）[83]提出了一种基于语言信息的多准则群决策框架来解决四川省天府新区6座电动汽车厂的选址问题。

彭泽君等（2015）[84]综合考虑影响充电站选址的相关因素，建立了电动汽车充电站选址评估指标体系，提出基于云重心理论的电动汽车充电站选址规划评估方法，将定量指标和定性指标分别进行处理并建立了相应的云模型，应用加权偏离度来评判充电站地址偏离理想状态的程度，并依据评语集给出了评估结果。

2.5 文献述评

对国内外学者以往的相关研究进行梳理发现，共享新能源汽车的运作模式主要有往返网点式、单程网点式、自由流动式3种；影响消费者使用意愿的主要因素是感知有用性、态度、感知风险、便利性、舒适性、使用成本、取还车位置等；在电池能耗问题的研究上，一些学者认为汽车行驶的三阶段中对能耗产生明显影响的因素并不相同，且共享新能源汽车的一大优势在于可通过更换电池的方式提高共享电动汽车补充电能的效率，也有些学者从电力损耗预测角度研究如何对共享新能源汽车进行路径优化。

在系统规划与行业发展方面，Shaheen S. A. 和 Martin E.（2010）[13]发现能源成本上升、经济不确定性、汽车共享主流化、跨国汽车共享运营商的扩张、单向汽车共享和个人汽车共享的增长，以及传统汽车租赁提供商和汽车制造商对汽车共享业务的增加都是汽车共享业务扩张的关键因素。其他学者提出了停车管理、出资建设模式、政策措施、系统规划、行业发展面临的困境等相关的观点，认为停车管理可以有效改善城市交通问题，政府帮助开发充电基础设施十分必要，政策措施在不同场景中产生的影响有异，阻碍我国共享新能源汽车发展的主要因素有停车位不足、城市交通拥堵、监管与激励措施缺席、共享模式不足等。

在选址模型构建方面，主流研究从5个角度展开：一是使企业成本最小化，利润最大化；二是从用户角度出发，模型构建主要是使用户的出行成本最小，获得效用最大；三是从电网出发，考虑电网承载能力、电网容量、用电安全等因素构建模型；四是基于社会总效益最大化、系统管理等角度构建模型；五是根据现实数据利用更优化的数理方法构建评价模型，进行选址优化。

3

共享新能源汽车选址理论分析框架构建

3.1 利益相关者

3.1.1 概念

20 世纪 60 年代，“股东至上”在英、美等国广为流传，随着这一理论的盛行，越来越多的经济学家开始对其产生质疑，并提出“利益相关者”概念，随后在契约理论和产权理论的基础上逐渐完善并发展成为“利益相关者理论”。

有关利益相关者概念的起源目前学术界有两种说法。一种说法是戚丽君（2022）[85]认为杜德（Dodd）1932 年在《公司管理者是谁的委托人》中提出的“利益相关者”概念是该学术研究的首次亮相，但此时“利益相关者”还只是一个纯粹的单边概念，未渗入各行业中。另一种更为普遍认可的说法则是 1963 年斯坦福大学研究所（Stanford Research Institute，SRI）首次明确提出了利益相关者的概念，即“对于一个公司来说，利益相关者是这样一些利益团体，如果没有其支持，组织就不可能生存”[86]。虽然，这个概念被学者们普遍认可为“利益相关者”概念的正式提出，但它只考虑到利益相关者对企业单方面的影响，并且利益相关者的范围仅限于影响企业生存的一小部分，是对利益相关者特定范围做出的定义。而瑞典经济学家瑞安曼（Eric Rhenman）于 20 世纪 60 年代（1964—1968 年）提出了一个比较全面的定义：“利益相关者依靠企业来实现其个人目标，而企业也依靠他们来维持生存。”① 美国著名学者 R. Edward Freeman 1984 年提出的广义利益相关者概念则大大丰富了“利益相关者”的概念内涵，成为经典代表：“利益相关者”是企业目标实现过程中影响公司目标实现并深受目标实现影响的所有组织和个体，即跟该企业有过利益接触的所有个体或群体都是利益相关者，如公司的股东、顾客、供货商、政府等，企业不应当只考虑自身的利益，还必须接受必要的制约[87]。

此后，越来越多的学者参与了“利益相关者”概念的多视角描述和解析并聚焦于利益相关者类型划分的讨论。

Clarkson（1994）的研究主要基于利益相关者对企业的贡献和价值视角，分别从实物资本、人力资本和财务资本 3 个方面分析了利益相关者的重要性和价值性，并认为财务资本是公司最为关键的要素。同时他研究指出，利益相关者群体在享受某些权利的同时也可能会承担企业的部分债务和利益损失，即利益相关者群体与企业互担利益和风险、权利和责任，而根据这些贡献和价值可以将利益相关者依据紧密程度进行分类。Wheeler（1998）从直接和间接两个方面将利益相关者群体的范围进一步扩大；Sirgy（2002）将利益相关者细分成内部利益相关者、外部利益相关者和远端利益相关者。

综上，根据已有文献不难看出，尽管不同学者对利益相关者的界定视角不同，划分依据有所差异，但是对其本质认同是一致的，即所谓利益相关者是指对某一组织或事件具有直接或间接利害关系的群体、组织或个人，他们可能来自组织内部也可能来自组织外部，前者如公司所有者和股东、管理人员、雇员、工会等，后者如银行及其他债权人、供应商、购买者和顾客、广告商、竞争对手、地方及国家政府、媒体公众利益群体、政党和宗教群体以及军队等。

利益相关者的概念演进和发展主要分为两个阶段，其中 R. Edward Freeman（1984）是一个分界点，自此之后利益相关者的概念被广泛接受

① Rhenman 于 1964 年以瑞典语出版的著作 *Företagsdemokrati och Företagsorganisation* 以及 1968 年以英语出版的著作 *Industrial Democracy and Industrial Management* 中都提及利益相关者概念，并在 1968 年用“stakeholders”一词来阐述利益相关者概念。

并迅速发展，而利益相关者理论及其治理成为诸多学者关注的焦点。利益相关者的概念及理论发展演进如图 3-1 所示。

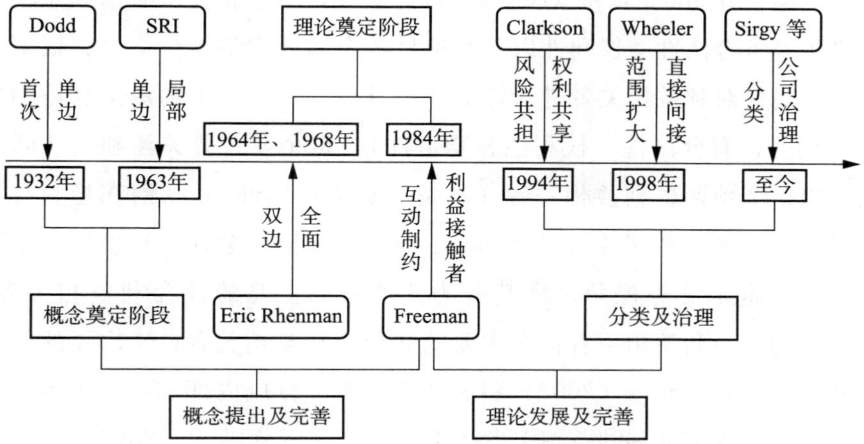

图 3-1 利益相关者的概念及理论发展演进

3.1.2 分类

不同类型的利益相关者拥有的资源不同，对企业管理决策及企业活动的影响程度不同（Freeman，1984；陈洪辉，2002），分层分类识别不同类型利益相关者有利于对其特征和需求有更加全面的认知，从而更好地实现企业的经营目标。

R. Edward Freeman（1984）将利益相关者分为所有权利益型相关者（持有公司股票的）、经济依赖型利益相关者（与公司有经济往来的）和社会利益相关者（在社会利益上与公司有关）[88]。Frederick（1988）按照利益相关者对企业的影响方式，将其分为直接利益相关者和间接利益相关者两类，前者是直接与企业发生市场交易关系的利益相关者，包括股东、企业员工、债权人、供应商、零售商、销售商、竞争者等；后者主要指与企业发生非市场关系的利益相关者，如中央政府、地方政府、外国政府、社会活动团体、媒体、一般公众等。Charkham（1992）按照相关群体是否与企业存在合同关系，将利益相关者分为契约型和公众型两类。Clarkson

(1994) 从紧密程度视角将利益相关者分为两类，一类是高紧密程度的首要利益相关者，另一类则是低紧密程度的次要利益相关者。

美国学者 Mitchell 和 Wood (1997) 研究认为，企业所有的利益相关者必须具备合法性、权利性以及紧迫性 3 个属性中的至少 1 个，依据以上 3 个属性对利益相关者进行评分并将其分为 3 类：①确定型利益相关者（同时拥有合法性、权利性和紧迫性），是企业首要关注和密切联系的对象；②预期型利益相关者（具备任意 2 种属性）；③潜在型利益相关者（只具备 1 种属性）。Wheeler (1998) 基于社会性、直接性及是否作用于具体人员等视角，将其分为 4 类：①主要的社会利益相关者；②次要的社会利益相关者；③主要的非社会利益相关者；④次要的非社会利益相关者。Sirgy (2002) 将利益相关者细分成内部利益相关者、外部利益相关者和远端利益相关者 3 类。我国学者陈洪辉 (2003) 从利益相关者的主动性、重要性和紧迫性 3 个方面将其分为 3 类：核心利益相关者、休眠利益相关者和边缘利益相关者[89]。利益相关者经典分类与代表性学者见表 3-1。

表 3-1 利益相关者经典分类与代表性学者

代表人物	分类依据	类型	具体利益相关者构成
R. Edward Freeman (1984)	是否拥有企业所有权及其往来密切程度	所有权利益型相关者	董事会成员、经理人员
		经济依赖型利益相关者	员工、债权人、内部服务机构、雇员、消费者、供应商、竞争者、社区、管理机构
		社会利益相关者	政府机关、媒体以及特殊群体
Clarkson (1994)	紧密程度、重要性、价值性	首要利益相关者	董事会、债权人、股东等
		次要利益相关者	作者未详细分类说明
Frederick (1988)	对企业产生影响的方式	直接利益相关者	股东、企业员工、债权人、供应商、零售商、销售商、竞争者
		间接利益相关者	中央政府、地方政府、外国政府、社会活动团体、媒体、一般公众
Charkham (1992)	合同关系	契约型与公众型	前者与企业签署合同，后者不存在合同

续表

代表人物	分类依据	类型	具体利益相关者构成
Wheeler（1998）	社会性、直接性及是否作用于具体人员	主要的社会利益相关者	股东、企业员工、债权人、供应商、零售商、销售商
		次要的社会利益相关者	政府、社会团体、竞争对手等
		主要的非社会利益相关者	自然环境等
		次要的非社会利益相关者	环境压力集团、动物利益集团
Sirgy（2002）	是否归属企业以及与公司的利益紧密程度	内部利益相关者	企业员工、管理人员、企业部门和董事会
		外部利益相关者	企业股东、供应商、债权人、本地社区和自然环境
		远端利益相关者	竞争对手、消费者、宣传媒体、政府机构、选民和工会等
Mitchell 和 Wood（1997）	合法性、权利性、紧迫性	确定型利益相关者（具备 3 种属性）	股东、雇员和顾客
		预期型利益相关者（具备任意 2 种属性）	投资者、雇员和政府部门等；媒体、社会组织等；政治和宗教的极端主义者、激进的社会分子
		潜在型利益相关者（只具备 1 种属性）	作者未详细分类说明

资料来源：作者根据相关材料自行整理。

随着学者们对利益相关者概念研究的日益清晰和深入，越来越多的学者认为对利益相关者的圈定和划分需要具体化，不同行业、不同企业、同一行业不同企业所处发展阶段不同，公司的利益相关者构成、划分及其影响可能大相径庭；换言之，同一组织或个体在不同的领域、不同发展时期其利益相关者的构成、角色和作用都不尽相同。企业具体操作和治理中，利益相关者的划分不应该只基于企业整体视角而应该基于具体交易产品和关系判定其具体角色和作用（Frederick，1988）。

3.1.3 理论

部分学者认为，利益相关者理论萌芽于 Dodd（1932），始于斯坦福研究所（SRI，1963），形成独立的理论分支则得益于 Eric Rhenman（1964，

1968）和 Anseff（1965）。Anseff 认为，要制定理想的企业目标，就必须综合平衡考虑企业的诸多利益相关者之间相互冲突的索取权，他们可能包括管理人员、工人、股东、供应商以及顾客等（陈珊珊，2009）[90]；Eric Rhenman 进一步明确了利益相关者与企业的关系，即利益相关者依靠企业来实现其个人目标，而企业也依靠他们来维持生存；1984 年 R. Edward Freeman 在《战略管理：利益相关者管理分析的方法》一书中正式提出利益相关者理论（Stakeholder Theory）。

利益相关者与企业存在天然的互动关系和利益关系，他们的利益会受组织决策和生产经营影响，同时又反作用于组织决策及经营。“股东至上”理论认为企业为了获取经济利益往往会牺牲社会利益和其他利益，而利益相关者理论则打破了这种观点（Freeman，2002）。因此，早期利益相关者理论认为组织要想达到社会效率和经济效益最大化，需要综合权衡和满足各利益相关者的诉求，包括企业的高层管理者、普通员工、投资方、供货商以及消费者，其核心思想是利益协调和共赢，强调利益的双向性依存，为此企业应追求整体利益而非某些利益。

然而，由于传统利益相关者范围过于宽泛，任何个体和群体都会被纳入企业利益相关者范畴，同时满足不同利益相关者各自的不同需求，特别是社会利益和经济利益共存时，企业往往很难实现效率和效益的最大化目标，甚至难以维持正常的经济运转。因此，后期有关利益相关者理论的分歧多聚焦于管理者对利益相关者的道德和伦理职责。

Greenwood（2007）提出利益相关者理论是道德中立的，并不能强制企业基于所有利益相关者的利益最大化来决策，管理者有必要识别对企业发展和战略目标最重要、相关性最高、具有最大影响的利益相关者。基于此，后期的利益相关者理论在很大程度上排除了同企业运营和战略目标相去甚远的利益相关者（Hillman & Keim，2001；Walsh，2005），往往将其边界缩小到关键的、核心的、合法的、紧迫的个体和团体。

3.2 准公共物品理论

3.2.1 公共物品的概念及特征

（1）公共物品的概念

公共经济学理论认为社会产品分为公共产品和私人产品。有关公共产品，诸多经济学学者基于不同视角进行了阐述和界定。根据 Samuelson P. A.（1954）[91] 的研究成果，每个人对某种物品的消费都不会导致其他人对该物品消费的减少，这种产品或劳务称为纯粹的公共产品或劳务，这一概念是基于效用视角的解析。曼瑟·奥尔森（Mancur Olson①）1965 年基于非排他性视角的研究认为，任何物品，如果一个集团中的任何个人都能够消费它且不排斥他人对该产品的消费，则这个物品就是公共物品。约瑟夫·斯蒂格利茨（Joseph E. Stiglitz）认为当一个产品或服务在增加一个人对它的分享时并不导致成本的增长，而要排除任何个人对它的分享却要花费巨大成本，这种物品和服务称为公共产品，这一概念阐述了公共物品的非竞争性和非排他性特征。范里安基于不可分割性视角讨论了公共产品，认为公共产品对所有涉及的消费者都必须供应同样数量的物品。而 James M. Buchanan（1965）的观点则是“任何集团或社团因为任何原因通过集体组织提供的商品或服务，都将被定义为公共产品”。

不难看出，公共物品或服务是向整个社会共同提供的，具有共同受益或联合消费特征，其效用为整个社会成员共享，且不能分割，也不能按照“谁付款、谁受益”的原则专项服务于特定企业或个人。

（2）公共产品的属性

相对于私人产品的效用可分割性（Divisibility）、消费竞争性（Rivalness）以及受益排他性（Excludability）等特征，公共产品则具有效

① 曼瑟·奥尔森（Mancur Olson）的《集体行动的逻辑：公共利益和团体理论》（1965）中有对公共物品的界定与选择，被认为是公共选择理论的奠基之作，也是公共选择理论的源起。

用的不可分割性（Non-divisibility）、消费的非竞争性（Non-rivalness）和受益的非排他性（Non-excludability）等特征。

效用的不可分割性：与私人产品可以被分割成若干可以单独买卖的单位并且“谁付款、谁受益”截然不同，公共产品是不可分割的，也不能在任何时候分割为若干不同的子部分供个人专享，如国防、外交、治安等公共产品。

消费的非竞争性：公共产品的非竞争性是指任何一个消费者对该物品的消费并不排斥、妨碍，不会减少或损失其他使用者的消费，也不会减少供应者对其他消费者的供应数量和质量。即当某一种公共物品或劳务在增加一个消费者时，其边际生产成本为零，也就是说，在现有的公共产品供给水平上，新增消费者不需增加供给成本。

受益的非排他性：私人产品具有典型的专有性和排他性，只能是物品占有者才可消费使用，遵循“谁付款、谁受益”的原则。然而，公共产品的消费却不排除他人消费，如果利用技术加以强制排除几乎不可能完成或排除成本很高。

3.2.2 准公共产品概念及属性

准公共产品是指具有有限非竞争性或有限非排他性的公共产品，它介于纯公共产品和私人产品之间（Samuelson P. A.，1954）。对于准公共产品的供给，在理论上应采取政府和市场共同分担的原则。

准公共物品的范围十分广泛，相对于纯公共物品而言，它的某些性质发生了变化。一类准公共物品的使用和消费局限在特定地区的居民，其受益的范围是有限的，如地方公共物品（Tiebout，1956）[92]；一类准公共物品是公共的或是可以共用的，一个人的使用不能够排斥其他人的使用。但由于私益，它在消费上可能存在部分竞争，同时又因为具有公共的性质，物品使用中可能存在“拥挤效应”和“过度使用”的问题；由于消费“拥挤点”的存在，往往具有部分排他性。

James M. Buchanan 于 1965 年提出“俱乐部物品”这一概念。他认为 Samuelson P. A. 只考虑到了纯公共物品和私人物品，但现实生活中更多的物品很难划分在这两类物品中，故提出介于两者之间的俱乐部产品即准公共产品[93]。俱乐部产品具有两大特征：

（1）消费的有限竞争性（相较于非竞争性）

即在一定的规模限定内，消费数量的增加不会影响其他个体的消费质量，一旦数量突破了数量规模限定，俱乐部就会出现拥挤，即消费“拥挤临界点”。

（2）受益的局部排他性

即俱乐部产品对局内人是普遍受益的，对局外人却是排他的。Buchanan（1965）研究发现，只要排他机制的成本低于收益，通过某些技术设计或制度设置能够实现公共产品消费的排他性，即通过排除部分公共成员参与和“搭便车”，具体可以通过设置收费亭、警卫、围墙或者售票处等方式实现排他，俱乐部能够以私人的、自愿的方式提供公共产品；而边际拥挤成本是否为零是区分纯公共产品、准公共产品的重要标准。

3.3 共享新能源汽车的理论分析框架构建

3.3.1 共享新能源汽车的准公共产品属性

（1）准公共产品的判定

判断一种产品或服务是否属于公共产品或服务依据的是其自身属性而不是供给主体的属性（郭一鸣，2019）[94]。传统公共物品理论认为公共物品供给是政府的职责任务，政府直接负责公共物品的提供和生产。

然而，政府只是提供公共物品，并不一定直接生产公共物品，公共物品的“供给”和“生产”是两个既有区别又互相联系的概念，现代的公共物品供给有3种方式：政府独立供给、政府购买公共服务及多元主体供给（杨宏山，2013）[95]。因此，供给方是公共部门还是私人部门不能作为公共物品的判定依据，而是要看提供的产品是否具备公共物品的特征——非竞争性和非排他性，只要具备了以上特征就应当被视为公共物品。政府根据公共产品的不同属性和特征负责安排公共产品的多元供给制度，使各种公共产品的需求与供给平衡。而通过多种组织形式、利用市场资源配置和商业企业的经营与技术优势来有效地生产和供应各种不同性质的准公共物品，是当今政府治理和准公共产品提供的主要趋势。

准公共产品的判定与公共产品类似，具体分 3 步：第一步，分析该产品或服务的效用是否具有不可分割性，如果具有不可分割性，则可分析后续属性特征；如该产品或服务不具备不可分割性特征，则该产品为非准公共产品，分析过程结束。第二步，分析该产品或服务的消费是否具有非竞争性，如果该产品或服务具有非竞争性，则转入第三步特征分析；如不具备则表明该产品为非准公共产品，分析过程结束。第三步，分析该产品或服务的受益在技术上是否具有非排他性，如果该产品或服务具有非排他性，则可认为该产品或者服务属于准公共产品。具体分析流程如图 3-2 所示。

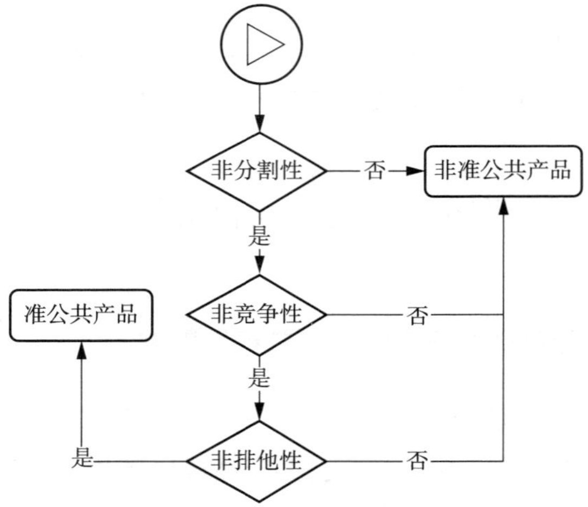

图 3-2　准公共产品判定流程

（2）共享新能源汽车的准公共产品判定

随着共享经济的快速发展、城市交通拥堵的日益严重以及低碳环保绿色出行理念的深入人心，共享交通成为城市特别是特大城市缓解交通压力、减少碳排放、提升居民出行便利性的重要手段。作为现代都市交通的重要构成部分，共享交通具有典型的准公共产品属性。郭一鸣（2019）在研究共享单车时认为，如果城市某一区域内的共享单车数量能够满足用户需求，单个用户对共享单车的使用不会减少其他消费者的使用，共享单车经营企业向另一用户提供共享单车的边际成本为零，则此时共享单车的消费是非竞争性的；但如果市场需求量超过城市某一特定区域共享单车供给数量，此时共享单车就表现出一定的私人物品的排他性和竞争性，这一属性被认为是共享单车的有限非竞争性。

作为共享交通产品，共享新能源汽车具有典型的不可分割性，同时城市共享新能源汽车也同样具有准公共产品的有限非竞争属性。在城市特定的区域内，如果共享新能源汽车的数量能够满足用户需求，单个用户对共享新能源汽车的使用不会减少其他用户的使用，共享新能源汽车经营企业向另一用户提供共享新能源汽车的边际成本为零，则此时共享新能源汽车的消费是非竞争性的；但如果市场需求量超过城市某一特定区域共享新能源汽车供给数量，此时共享新能源汽车就表现出一定的私人物品的排他性和竞争性。

基于以上分析，毫无疑问，本书认为城市共享新能源汽车是共享经济背景下的准公共交通产品，其属性如图 3-3 所示。

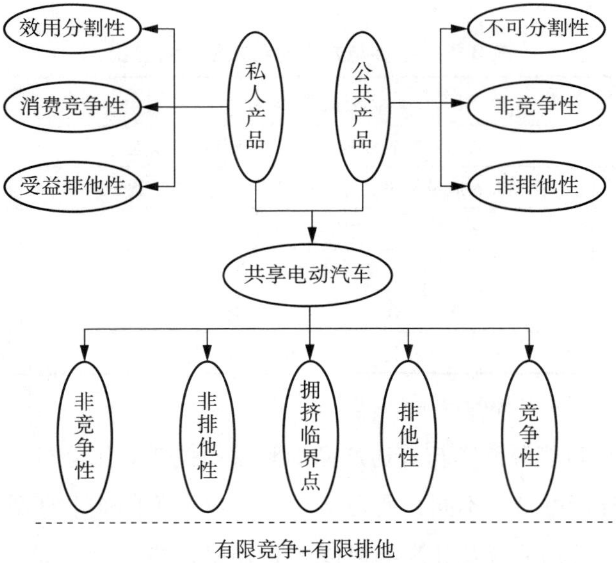

图 3-3　共享新能源汽车准公共产品属性展示

3.3.2　共享新能源汽车利益相关者分析

（1）准公共产品利益相关者构成

根据前文利益相关者概念及理论发展演进分析可知，利益相关者的边界和划分一直都是学者们探讨的重点。自 Frederick（1988）将市场交易关系纳入利益相关者分析后，越来越多的学者意识到企业决策在利益相关者层面应该做筛选和识别，企业经营目标和决策应该对最核心、最重要的利益相关者负责，对利益相关者的圈定和划分需要具体化。因此，在企业具体操作和治理中，利益相关者的角色划分和价值评价不应该基于企业整体视角而应该基于具体交易产品和关系以及企业发展阶段的特征来判定（Frederick，1988）。由此本研究在借鉴 Clarkson（1994）、Frederick（1988）、Wheeler（1998）、Mitchell 和 Wood（1997）以及陈洪辉（2003）等研究成果以及前文梳理基础上，围绕准公共物品及其特征，进一步按照利益相关者在市场交易关系中的参与方式和作用，将现有利益相关者分为资本参与、运营参与、需求参与、治理参与、监督参与、其他参与等方式；按照组织性质，将准公共产品利益相关者分为企业（商业经营者）、政府、用户（居民）和其他社会组织等，具体分析见表 3-2。

表 3-2　按参与方式的利益相关者分类

<table>
<tr><th>参与方式</th><th>相关者构成</th><th>组织性质</th></tr>
<tr><td>资本参与</td><td>公司所有者和股东、银行及其他债权人</td><td rowspan="2">商业经营者</td></tr>
<tr><td>运营参与</td><td>管理者、雇员、工会等，供应商、广告商，竞争对手</td></tr>
<tr><td>需求参与</td><td>购买者和顾客</td><td>用户</td></tr>
<tr><td>治理参与</td><td>地方及国家政府</td><td>政府</td></tr>
<tr><td>监督参与</td><td>媒体、公众利益群体</td><td rowspan="2">监督群体及其他</td></tr>
<tr><td>其他参与</td><td>政党、宗教群体、军队等</td></tr>
</table>

资料来源：作者根据相关材料自行整理。

（2）共享新能源汽车与普通产品的利益相关者对比分析

由前文分析可知，不同行业乃至同一行业中不同企业所处发展阶段不同，公司的利益相关者及其影响可能大相径庭；换言之，同一组织或个体在不同的领域或者公司的不同发展时期，其利益相关者的角色和作用都不尽相同。为此，本研究在前文分析基础上，基于比较视角，进一步对共享新能源汽车与普通产品的利益相关者构成、角色及价值做深入剖析，具体对比分析指标、依据及分析结果见表 3-3。

表 3-3 各类不同利益相关者分类对比（普通商品 VS 准公共产品）

相关者划分类型	依据	普通商品								准公共产品							
		a	b	c	d	e	f	g	h	a	b	c	d	e	f	g	h
直接参与	Frederick（1988）	★	★	★	★	★				★	★	★	★	★	★		
需求者	高喜珍、侯春梅（2012）；翁雅敏（2021）；作者根据相关研究整理分类					★								★	★	★	
使用者						★					★			★	★	★	
制造者		○	★								★				★		
支持者		★		○			○			○		★		★	★	★	
监督者		★				★	★	★	★	★				★	★	★	★
合法性	Mitchell 和 Wood（1997）		★	○		★	★	○		★	★	★		★	★	★	
权利性		★	★	★		★	○	○		★	★	★		★	★	★	
紧迫性		★	★		★	★				★	★			★	★		
核心利益相关者	陈洪辉（2003）；翁雅敏（2021）	★	★	★		★				★	★			★	★		
主要社会利益相关者	Wheeler（1998）	○	★			★	★	★		★	★	○	○	★	★	★	

注：“○”代表可能存在，“★”代表存在。a、b、c、d、e、f、g、h 表示各类不同利益相关者，具体指代如下：a. 企业所有者和股东、银行及其他债权人；b. 管理者、雇员、工会等；c. 供应商、广告商；d. 竞争者；e. 购买者和顾客；f. 地方及国家政府；g. 媒体、公众利益群体；h. 政党、宗教、军队等。

资料来源：作者根据相关学者研究成果整理所得。

（3）共享新能源汽车关键利益相关者识别分析

按照 Greenwood（2007）的观点，利益相关者理论中道德是中立的，并不强制企业基于利益相关者的利益最大化来行事，管理者有必要对组织最重要、相关性最高、具有最大影响的利益相关者进行有效识别，将其边界范畴缩小到关键核心个体和团体（Hillman & Keim，2001；Walsh，2005）。

由表 3-3 不难看出，无论基于哪一种概念界定和分类依据，在围绕一项具体交易关系时，b、e 是最重要和核心的利益相关者，a、f 是次重要的利益相关者。即对于普通产品或服务来讲，交易涉及的以管理者、雇员、工会等为代表的企业供给方和以购买者和用户为代表的交易关系需求方毫无疑问都是核心利益相关者，是最重要的利益相关者；而以企业所有者和股东、银行及其他债权人为代表的出资人和各类政府则是次重要利益相关者。具体到城市共享新能源汽车等类似准公共产品交易关系时，b、e、f 成为最重要和核心的利益相关者，a、g 则是次重要的利益相关者。即在城市共享新能源汽车产品交易中，政府、用户和运营企业成为最核心利益相关者，是对企业营运目标实现影响最重要的利益相关者；而运营企业的投资者以及媒体、公众利益群体成为次重要利益相关者。这与高喜珍和侯春梅（2012）[96]、翁雅敏（2021）[86]等对共享单车等非经营性交通项目的社会影响评价研究结果一致，即政府、用户及周边社区居民和共享平台企业是城市共享新能源汽车的核心利益相关者。

基于以上分析，本研究将城市共享新能源汽车的核心利益相关者——政府、用户及周边社区居民和共享平台企业等利益相关者分为三大类，即政府（包括各级政府）、用户（消费者和居民）、企业（共享电动汽车产品供应的运营企业及为顺利提供共享产品涉及的商业机构），并对其做出进一步的比较分析，为后续分析框架的构建奠定了理论基础。具体分析见表 3-4。

表 3-4 各类不同利益相关者分类对比（普通商品与城市共享新能源汽车）

指标划分理论依据	主体（普通商品）			相关者划分类型	主体（城市共享电动汽车）		
	政府	企业	用户		政府	企业	用户
Frederick（1988）		√		直接参与	√	√	
高喜珍、侯春梅（2012）；翁雅敏（2021）			√	需求者	√		√
			√	使用者			√
		√		制造者	√	√	
Mitchell 和 Wood（1997）		√	√	合法性	√	√	√
		√	√	权利性	√	√	√
		√	√	紧迫性	√	√	√
陈洪辉（2003）；翁雅敏（2021）		√	√	核心利益相关者	√	√	√
Wheeler（1998）	√			主要社会利益相关者	√	√	√

资料来源：作者根据相关资料自行整理。

由表 3-4 不难看出，相对于普通商品而言，政府、企业、用户在城市共享新能源汽车交易关系中居于绝对核心地位，特别是政府在城市共享新能源汽车交易关系中处于绝对的主导地位。

3.3.3 城市共享新能源汽车选址理论分析框架构建

（1）“公共物品—利益相关者”视角的三大主体关系分析

基于前文分析可知，城市共享新能源汽车属于典型的准公共产品，作为准公共产品的主要供给者，各类政府直接涉入市场交易关系，它们是低碳环保、绿色出行的倡导者，也是满足居民便利出行的责任承担者及社会利益的需求者；它们不仅需要提供共享新能源汽车的相关政策、土地等各类资源用于开发该产品，同时也需要协调各职能下属部门如土地、电力、规划、交通等支持产品的生产和供应。从这个角度讲，政府参与城市共享新能源汽车交易服务的生产和供给，因此政府在城市共享新能源汽车交易关系中既是产品的制造者、提供者，又是需求者和监督者，在交易关系中居于绝对主导，是该交易成功与否的最核心驱动者。因此相较于普通商品，政府在城市共享新能源汽车这一准公共产品交易关系中处于绝对主导地位（见图 3-4）。

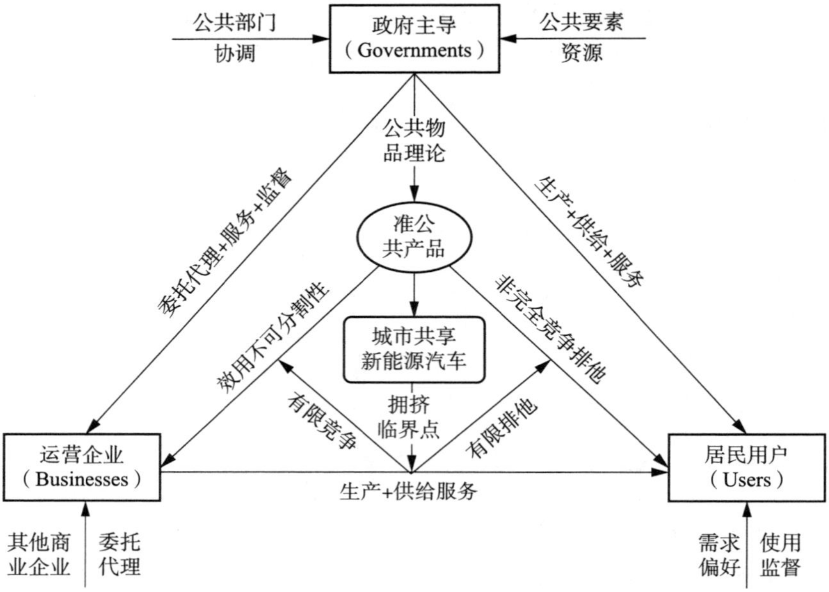

图 3-4 “公共物品—利益相关者”理论视角下的三大主体关系分析

由图 3-4 不难看出，传统公共物品理论认为政府是公共物品的提供者和责任者。在城市共享新能源汽车交易关系中，政府通过委托代理的方式让渡部分生产权利和社会责任，并且驱动和监督共享新能源汽车运营平台企业提供符合用户和居民需求偏好的绿色交通出行产品；更为关键的是，在城市共享新能源汽车供给出现拥挤时协调和引导企业及用户合理消费，避免出现消费拥堵带来的负面体验和平台运营企业的额外成本。而各类商业企业与共享新能源汽车运营平台企业同样存在委托代理关系，它们以平台企业为核心参与生产和供给，通过为用户提供产品及服务获取各自的利益。用户和居民作为城市共享新能源汽车的消费者和被服务者，其需求偏好和出行规律特征以及对价格和服务的具体反应都是影响城市共享新能源汽车布点和供给的重要因素。

（2）城市共享新能源汽车选址的“G-B-U”分析框架构建

由前文相关分析和现有研究成果不难看出，城市共享电动汽车的选址和布点虽受诸多因素影响，但从涉及的相关主体方面考量，不外乎政府（Governments）、企业（Businesses）和用户（Users）三大主体。任何城市交通设施的现代化发展都离不开政府的战略规划和引导，城市交通和共享出行作为城市发展的准公共产品和现代绿色环保交通出行方式，若没有政府的规划设计和相关政策支持，很难在城市进行建设和推广；同时政府治理下城市交通现状和区位特征等因素对于发展城市共享新能源交通意义重大。而作为城市共享新能源汽车的经营单位，新能源汽车企业的成本和盈利能力也是促进城市共享新能源汽车发展和网络布局的关键影响因素。无论是政府治理主导驱动还是企业盈利驱动，城市共享新能源汽车的发展规划以及网络布局最终都服务于市场需求即城市居民和用户的出行需求。因此，要探索城市共享出行的共享新能源汽车的网络布局和选址问题，必须围绕以上三方利益主体展开。

综上，本研究基于公共物品理论和利益相关者理论，详细解析了城市共享新能源汽车的准公共产品属性以及城市共享新能源汽车交易关系中最关键、最核心利益相关者即政府（Governments）、企业（Businesses）、用户（Users）三主体，并围绕城市共享新能源汽车产品供给和交易深入剖析了三大核心利益相关主体之间的关系和角色，在此基础上提出了“政府（Governments）—企业（Businesses）—用户（Users）”的三角分析框架，简称“G-B-U”三角分析框架，为后续城市新能源汽车选址及供给影响因素分析提供了理论支撑。

在此框架下，分别从政府主导（区位特征、城市交通、发展规划和政策规制）、企业经营（企业成本、企业收益以及拥挤临界点）、用户需求（需求量预测、需求偏好、影响因素）3个层面深入剖析城市新能源汽车选址的影响因素，具体思路如图3-5所示。

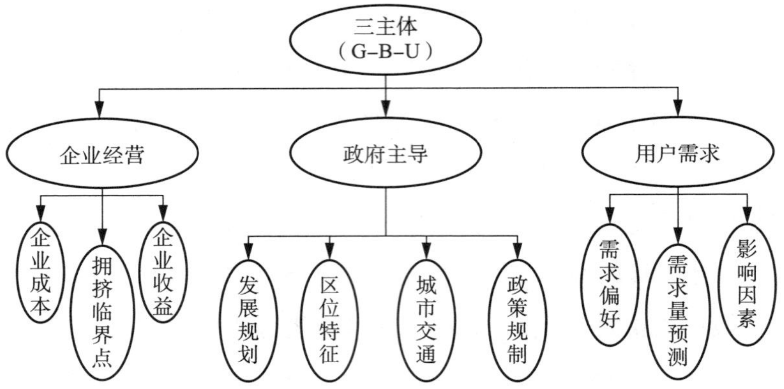

图 3-5　城市共享新能源汽车选址的“G-B-U”分析框架

3.4　本章小结

本章首先对利益相关者的概念与理论发展进行了梳理，并根据以往研究将其进行了分类；其次对公共物品、准公共产品的概念及特征进行了总结与归纳，指出公共物品具有效用的不可分割性（Non-divisibility）、消费的非竞争性（Non-rivalness）和受益的非排他性（Non-excludability）等特征，准公共物品具有消费的有限竞争性、受益的局部排他性特征，在此基础上分析并确认了共享新能源汽车具有准公共产品属性；再次根据Frederick等对利益相关者的界定及分类，逐步分析并识别城市共享新能源汽车的核心利益相关者；最后认为政府在城市共享新能源汽车交易关系中既是产品的制造者、提供者，又是需求者和监督者，相较于普通商品，政府在城市共享新能源汽车这一准公共产品交易关系中处于绝对主导地位。各类商业企业与共享新能源汽车运营平台企业同样存在委托代理关系，它们以平台企业为核心参与生产和供给，通过为用户提供产品及服务获取各自的利益；用户和居民作为城市共享新能源汽车的消费者和被服务者，其需求偏好和出行规律特征以及对价格和服务的具体反应都是影响城市共享新能源汽车布点和供给的重要因素。由此识别出城市共享新能源汽车市场交易关系中的三大核心利益相关者，即政府、用户与企业。

基于以上分析和推理，本研究构建了“公共物品—利益相关者”视角下的“政府—企业—用户”（“G-B-U”）三角分析框架，为后续共享新能源汽车市场需求影响因素分析及网址选择奠定了理论基础。

4

基于政府与企业视角的影响因素分析

根据本书第3章“政府—企业—用户”的“G-B-U”三角分析框架，本章将系统分析共享新能源汽车选址影响因素，主要围绕政府维度和企业维度的影响因素展开论述。

4.1 政府视角的影响因素

4.1.1 发展规划

城市的发展规划决定着城市未来一定时期内的发展方向。现代城市发展理论认为，城市应与自然环境相结合，既要将历史人文因素、美学与文化内容等纳入城市发展的理论框架，也要体现生态特色与地方特色，将人类活动对自然环境的影响降到最低。

李松志、董观志（2006）[97]通过研究发现，城市的发展并不一定以牺牲环境为代价，城市生态环境的破坏主要是人类在缺乏生态经济意识下单纯追求某些经济目标导致，人的全面发展与城市的可持续发展息息相关。因此，可持续发展的城市规划应当以城市可持续发展理论为指导，以自然资源和环境保护、维护和提高城市生态承载力和社会承受能力为最高宗旨，以社会、经济和环境最佳综合效益为指导思想与最终目标，协调经济发展、环境保护和社会公平三者之间的矛盾，从而推进城市的发展。

王勤（2022）[98]在对新加坡城市发展路径的研究中总结出了5点其实现可持续发展的经验：一是将可持续发展纳入国家中长期发展规划中；二是新加坡注重政府的规划主导，制定了城市可持续发展目标与路径；三是以创新驱动和产业升级为主导，不断提升城市核心竞争力；四是制定绿色发展蓝图，促进城市经济、社会和环境可持续发展；五是实施“智慧国家”计划，构建数字社会、数字经济和数字政府。

2020 年 9 月，在第 75 届联合国大会上，中国郑重承诺采取有效措施管控碳排放，提出在 2030 年碳排放达峰、2060 年争取实现碳中和的“双碳”目标，这决定了中国未来的发展主题之一必定是如何实现这一目标[99]。而根据国家统计局第七次人口普查数据以及国家能源局发布的数据，在中国，城市人口占比为 3/5，城市 GDP 贡献值占比为 4/5，能源消耗量达 3/4，全国碳排放量占比为 2/3，作为中国重要的经济活动单位，城市在实现“双碳”目标的征程上是至关重要的一环，这就决定了各个城市的发展规划中能源活动必然是规划与调整的重要对象。

4.1.2 区位特征

杨定武（2017）[100]、梁希（2018）[101]、查根凤（2017）[102]、罗栋（2018）[103]与刘国华（2021）[104]等在研究中发现，区位特征不论在物流中心选址、商业酒店选址还是共享单车选址问题中都是十分重要的影响因素。仝德等（2021）[27]和任惠等（2022）[105]依据地理与区位研究了各类型功能区用户的共享新能源汽车出行模式与规律，为共享电动汽车的调度与后续共享电动汽车通过需求响应参与电网备用服务的风险评估研究提供了依据与参考。首先，地势的高低陡缓将会对企业网点建造成本有直接影响，地势平坦的地方，其开发成本相较于地势陡峭的地方更低；其次，区位特征是企业投放车辆数量的重要参考指标，某一地点附近的居民量、人流量等指标都会对企业开发面积、投放车辆数量产生直接影响。总而言之，共享新能源汽车网点选址的区位特征对企业的运营盈利发挥着重要参考作用，因此，本研究在初步筛选共享新能源汽车备选网点时，在需求量与人流量的基础上考虑了区位特征因素，同时还考虑到用户出行目的地与出发地等方面，在地势平坦、面积广阔的前提下将备选网点的位置初步定在如图 4-1 所示的 10 个类型的地区附近。

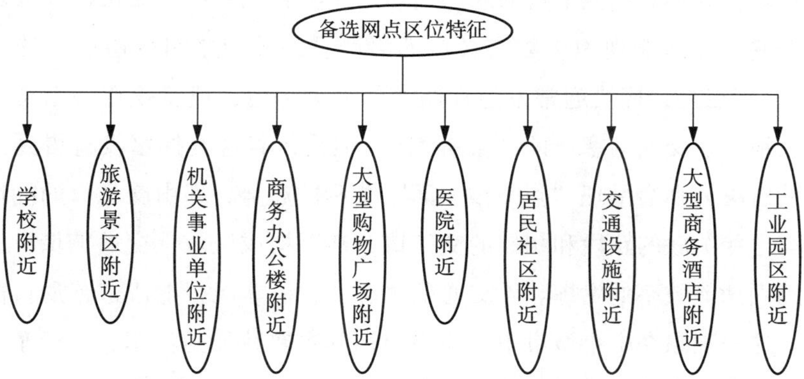

图 4-1 备选网点区位特征

4.1.3 城市交通

城市交通是一个城市发展的重要一环，在合理配置资源的条件下实现城市交通的供需平衡是城市可持续发展的一大要素[106]。陆化普、李瑞敏（2014）[107]将城市可持续交通定义为以较小的资源投入与最小的环境代价最大限度地满足城市发展的合理需求，并保证下一代人利益的城市综合交通系统。该系统的主要特征有 7 点：安全、舒适、环保、畅通、节能、高效率与高可达性。其中，高效率是指各类交通方式分工合理，资源分布合理，缩短居民行程；高效率的交通运输系统，能够大大降低生产成本、促进实现区域经济圈及经济带发展战略、降低物流成本、提高国际竞争力。高可达性是指该交通系统的覆盖率高、使用方便、可选性好，体现公平性原则。在快速的城市化进程中，环境、社会与区域都面临着种种压力，如何减少城市能源消耗与废气排放是平衡经济与环境的关注重点。

郭继孚等（2011）[108]将中国城市交通的拥堵特点总结为 4 类：①交通拥堵呈常态化和区域蔓延趋势。这种现象主要集中在千万人口以上的超大城市，其主要特点是拥堵呈常态化，并逐步由中心城区蔓延至市区外围，拥堵的时段、范围不断扩大。②通勤时间主要干路严重拥堵。这种现象在人口超过百万的大城市最为突出，其主要特点是潮汐性，即拥堵问题主要出现于早、晚高峰时段通勤需求比较集中的交通走廊，且基本为单方向的交通拥堵。③部分路网节点的局部拥堵。这种状况在中等城市以及大城市较为普遍，具体表现为少数交叉口拥堵严重，成为路网交通运行的“瓶颈”。其特点是，拥堵通常发生在路网的关键部位，或者仅在一个交叉口处独立地出现交通堵塞，即“点拥堵”。但是，若这类拥堵没有得到及时有效的解决，则会呈现“点—线—面”蔓延的趋势，即由交叉口的拥堵影响到与之相关联的路段和相邻的交叉口，甚至构成区域性交通拥堵，影响整个路网功能效率的发挥。④交通秩序混乱、机非混行造成道路通行能力下降。这一现象在中小城市中尤为突出，其主要特征是汽车、自行车、摩托车及行人等多种方式混行，相互干扰，影响城市道路畅通。

根据 Hayashi 教授对城市化、机动化与环境的关系探讨，经济的发展带来了居民收入的增加，从而导致城市汽车保有量增加且居民使用汽车出行的比例增加，同时，快速城市化带来了城市面积的扩大，导致居民出行距离增加，并由此带来了对汽车出行需求的增加，进一步导致城市交通拥挤。此外，虽然城市面积在快速扩张，但基础设施投入的步伐未能及时跟上且道路供给不足，公共交通设施不能满足居民出行需求，从而导致汽车出行需求的进一步加大，由此也带来了燃油排放物污染、噪声污染等一系列城市环境问题。

罗栋（2018）[103]、潘媛媛（2017）[109]、王安琪和冀宵玉（2018）[110]等在对共享单车选址影响因素的研究中发现，城市交通因素具有不可忽视的参考作用；Guo S. 和 Zhao H.（2015）[71]发现城市交通因素在充电站选址中占据着重要地位；Hu S. 等（2018）[120]、Chen X. 等（2018）[111]和 Cheng J. 等（2021）[112]等发现，用户对于共享新能源汽车使用的需求是动态变化的，早高峰与晚高峰的使用频率明显高于其他时段，这一结果的出现明显与城市交通因素有关。当选址点附近竞争性交通设施发达，如地铁、公交可以满足大多数人的出行需求时，共享新能源汽车的市场可能会被其他出行工具挤占，因此选址时应避免选在竞争性交通设施种类过多的地点。用户取换便利性也是企业布局时必须考虑的因素，企业选址应避免选在用户不易到达或到达成本较高的地点。考虑到共享新能源汽车的部分用户使用目的是接续换乘，因此企业布局时可将该因素考虑在内。

道路行驶空间充分是一大重要的城市交通因素，由于共享新能源汽车不像共享单车一样体积小，一般道路条件都可满足其行驶，为方便用户取还车与驾车，选址点附近的道路空间应当较为充分，满足共享新能源汽车的行驶道路空间需求。

本研究在考虑城市交通因素时，主要考虑到选址点附近的竞争性交通设施情况、用户取还便利性、换乘便利性与道路行驶空间充分 4 个方面。

共享新能源汽车作为现代城市交通的重要组成部分，其普及也是未来城市交通的必然发展方向，而城市土地资源、电力资源等的限制决定了共享新能源汽车选址与分布是普及中应当重点关注的对象，合理的选址将会优化整个城市交通系统，节省资源且方便居民的出行，协调经济发展、环境保护与社会公平三者间矛盾的同时，实现以人为本的城市可持续发展。城市交通考虑因素见图 4-2。

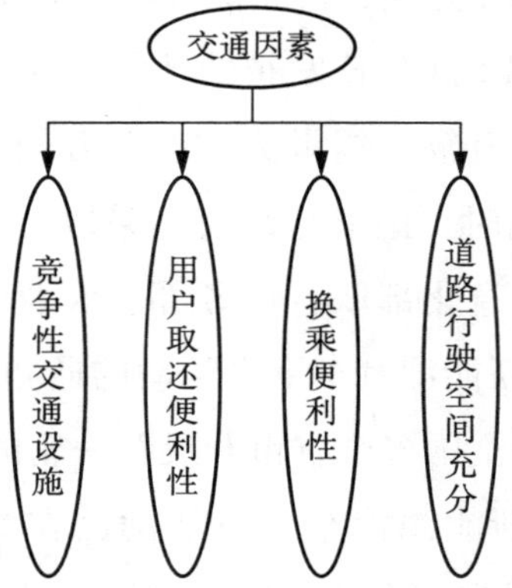

图 4-2　城市交通考虑因素

4.1.4　政策规制

李振辉（2018）[113]、赵永全和朱兴和（2018）[114]等在选址问题的研究中都注意到了政策因素的影响。由于共享新能源汽车对于社会资源分配、环境改善等方面都具有重要意义，近年来国家对于该模式也越发重视，出台了一系列政策与指导文件来支持与规范共享新能源汽车的发展，政策因素指导着其发展方向，也影响着相关企业的经营方向，在共享新能源汽车选址中具有不可忽视的作用。

（1）政策背景

全球气候变暖、温室效应、雾霾天气与环境污染问题已成为人类可持续发展道路上的阻碍。近年来，节能减排已成为全球各国人民的共识，而传统燃油汽车数量的持续攀升无疑给环境带来了巨大压力。与此同时，共享经济在我国起步较晚，共享新能源汽车在城市中还未完全普及，仍处于发展起步阶段。因此，相应行业管理规范还未形成完善的体系，也由此产生了一系列的市场乱象，如“僵尸桩”问题、乱停乱放问题等。

第一，“僵尸桩”问题严重。

近些年来，新能源汽车发展迅速，在国家给予购买补贴政策的条件下，全国保有量快速增长。据公安部统计数据可知，截至 2022 年 9 月底，全国新能源汽车保有量为 1149 万辆，占汽车总量的 3.65%，其中，纯电动汽车保有量为 926 万辆，占新能源汽车总量的 80.56%。据中国汽车工业协会于 2022 年 12 月 9 日发布的数据，2022 年 1—11 月，我国新能源汽车产量为 625.3 万辆，销量为 606.7 万辆，同比增长 1 倍且市场占有率达 25%。与此同时，国家与政府也采取一系列措施促进新能源汽车的销售，由工业和信息化部联合商务部、农业农村部、国家能源局发布的《关于开展 2022 新能源汽车下乡活动的通知》明确，2022 年 5—12 月，四部门联合组织在全国多个省市开展新一轮的新能源汽车下乡活动，自 2020 年 7 月以来，新能源汽车下乡活动已在 8 个省（区、市）开办 13 场，该活动的开展促进下乡新能源车型销量达 142 万辆，比新能源常规市场增速高约 10%，对于新能源汽车销售的贡献率近 30%。但随之而来的对于充电基础设施的需求也在激增，我国已出台相关政策对基础充电设施的发展方向进行指导与规划，2020 年 10 月国务院办公厅印发《新能源汽车产业发展规划（2021—2035 年）》，对我国新能源汽车产业现状与未来发展方向做出了阐释与规划，其中提及要完善基础设施体系，加快建设充换电基础设施并提升充电基础设施的服务水平，推动智能路网设施的建设。中国电动汽车充电基础设施促进联盟预计，2022 年将新增 190 万台随车配建充电桩（保有量达到 337 万台），同时新增公共充电桩 54.3 万台（保有量达到 169 万台），新增公共充电场站 2.5 万座（保有量达 10 万座）。

此外，一些充电桩建设补贴政策的出台吸引了很多企业投身于建设公共充电桩。中国充电联盟公布的 2022 年 5 月全国电动汽车充换电基础设施的运行情况显示，截至 2022 年 5 月，全国充电基础设施累计数量为 358.1 万台，同比增加 91.5%。2022 年前 5 个月，新增公共充电桩 27.1 万台，同比增长 253.8%。但由于很多企业并未做好前期市场调研，只为达成指标、获取补贴而随意选址建设，导致一些充电桩的利用率较低，成为“僵尸桩”，造成了社会资源的极大浪费。

第二，共享单车的乱停乱放困境。

共享单车的出现虽然为居民解决了“最后一公里”的出行难题，方便了居民日常生活，但发展初始的乱停乱放问题也为城市带来了烦恼：过多的单车挤占城市空间，无规划的摆放不仅破坏了城市形象，还严重扰乱了城市秩序，为道路交通管理带来了诸多不便。虽然近年来随着一系列政策与规范的出台，该现象已有明显改善，但选址不当仍然造成了巨大的资源浪费。共享新能源汽车的发展要警惕前车之鉴，从发展初始阶段便要合理规划停放点，避免重蹈覆辙。

（2）新能源汽车政策

在激励新能源汽车行业发展的一系列相关政策中，具有代表性的政策如表 4-1 所示。

表 4-1　国家新能源汽车政策

年份	发布机构	政策文件	摘要
2017	国家能源局、国资委、国管局	《关于加快单位内部电动汽车充电基础设施建设的指导意见》	到 2020 年，公共机构原有及新建的停车场需规划建设充电基础设施比例不能低于 10%；中央国家机关等单位设备比例不能低于 30%；在京的央企应不低于 30%
2018	财政部、国家发展改革委等四部委	《关于调整完善新能源汽车推广应用财政补贴政策的通知》	自 2018 年起，将新能源汽车地方购置补贴资金逐渐转变成扶持充电基础设施的建设、维护以及运营，以及新能源汽车的使用等环节

续表

年份	发布机构	政策文件	摘要
2019	交通运输部等12部门	《绿色出行行动计划（2019—2020年）》	提升绿色出行装备水平；推进绿色车辆规模化应用；加快充电基础设施建设
2020	国务院	《新能源汽车产业发展规划（2021—2035年）》	坚持电动化、网联化、智能化发展方向，深入实施发展新能源汽车国家战略，以融合创新为重点，突破关键核心技术，提升产业基础能力，构建新型产业生态，完善基础设施体系，优化产业发展环境，推动我国新能源汽车产业高质量可持续发展，加快建设汽车强国
2021	国务院	《中共中央 国务院关于完整准确全面贯彻新发展理念做好碳达峰碳中和工作的意见》	加快发展新一代信息技术、生物技术、新能源、新材料、高端装备、新能源汽车、绿色环保以及航空航天、海洋装备等战略性新兴产业
2021	国家发展改革委	《"十四五"公共机构节约能源资源工作规划》	"十四五"期间规划推广应用新能源汽车约26.1万辆，建设充电基础设施约18.7万套。同时，推动公共机构带头使用新能源汽车，新增及更新车辆中新能源汽车比例原则上不低于30%；提高新能源全车专用停车位、充电基础设施数量，鼓励单位内部充电基础设施向社会开放

（3）规范共享新能源汽车行业政策

为了避免出现乱停乱放、"僵尸桩"、利用率低的问题，促进共享新能源汽车行业健康发展，近两年政府出台了相关指导政策（见表4-2）。

表4-2　充电基础设施布局政策统计

时间	政策文件	摘要
2015年10月	《电动汽车充电基础设施发展指南（2015—2020年）》	文体场馆、大型商场、停车场，具备条件的加油站，驻车换乘（P+R）、景点、交通枢纽等
2015年9月	《关于加快电动汽车充电基础设施建设的指导意见》	居民区，公共机构、企事业单位内部停车场，大型商场、加油站，公共停车场
2015年12月	《关于加强城市电动汽车充电设施规划建设工作》	居民小区、大型商场、超市、酒店、办公楼等公共建筑、政府机构、停车场
2016年4月	《北京市电动汽车充电基础设施专项规划（2016—2020年）》	居民小区，企业、政府机构的内部停车场，大型商场、公园景区等公共停车区域

续表

时间	政策文件	摘要
2020 年 10 月	《新能源汽车产业发展规划（2021—2035 年）》	积极推广智能有序慢充为主、应急快充为辅的居民区充电服务模式，加快形成适度超前、快充为主、慢充为辅的高速公路和城乡公共充电网络；支持居民区多车一桩、临近车位共享等合作模式发展，鼓励充电场站与商业地产相结合，建设停车充电一体化服务设施，提升公共场所充电服务能力，拓展增值服务
2021 年 2 月	《商务领域促进汽车消费工作指引和部分地方经验做法》	便利新能源汽车充（换）电，鼓励有条件的地方出台充（换）电基础设施建设运营补贴政策，支持依托加油站、高速公路服务区、路灯等建设充（换）电基础设施，引导企事业单位按不低于现有停车位数量 10% 的比例建设充电设施
2021 年 2 月	《国务院关于加快建立健全绿色低碳发展经济体系的指导意见》	加强新能源汽车充换电、加氢等配套基础设施建设
2022 年 1 月	《关于进一步提升电动汽车充电基础设施服务保障能力的实施意见》	居住社区充电设施、中心城区、企事业单位、商业建筑、交通枢纽、公共停车场、工业园区

资料来源：作者根据政策数据自行整理。

第一，国家层面关于共享新能源汽车政策。

在国家层面，2020 年 10 月国务院办公厅印发《新能源汽车产业发展规划（2021—2035 年）》。该规划指出我国新能源汽车发展面临的难题之一是基础设施建设仍显滞后，产业生态尚不健全，同时指出要推动新能源汽车与交通融合发展："加快建设涵盖前端信息采集、边缘分布式计算、云端协同控制的新型智能交通管控系统。加快新能源汽车在分时租赁、城市公交、出租汽车、场地用车等领域的应用，优化公共服务领域新能源汽车使用环境。引导汽车生产企业和出行服务企业共建'一站式'服务平台，推进自动代客泊车技术发展及应用。"针对充电方面的问题，该规划中指出要"加快充换电基础设施建设"，"积极推广智能有序慢充为主、应急快充为辅的居民区充电服务模式并要加快形成适度超前、快充为主、慢充为辅的高速公路和城乡公共充电网络"，同时"鼓励充电场站与商业地产相结合，建设停车充电一体化服务设施，提升公共场所充电服务能力，拓展增值服务”。

第二，地方层面关于共享新能源汽车政策。

在地方层面，上海市政府积极响应国家号召，于2022年1月印发《关于本市进一步推动充换电基础设施建设的实施意见》，提出到2025年，满足125万辆以上电动汽车的充电需求，全市车桩比不高于2∶1的规划目标。同时要重点推动“僵尸桩”的治理，解决小区充电难等问题；加快智能桩的推广，结合上海新能源汽车产业发展规划、停车场站布局和智慧交通数字化转型，聚焦城市公共领域、住宅小区、公共服务机构、专用车辆换电等重点领域实际需求，运用大数据分析，提高布局合理性，制定全市充换电设施发展专项规划，全面推动城市、汽车、充换电设施协同发展。

这些政策的陆续出台为共享新能源汽车停放点选址时避免出现乱停乱放问题和长远发展提供了保障，也是备选网点筛选时考虑的重要因素之一。

4.2 企业视角的影响因素

企业作为共享新能源汽车发展相关的三大主体之一，是推动共享新能源汽车发展的重要力量。从经营中获利是企业的主要目标，因此承担着投资建设任务的企业要想在众多竞争者中脱颖而出，就必须要考虑以更小的成本获取更大的利益，实现这一目标就需要企业制定合理的选址规划策略，整合并高效利用企业资源。科学良好的选址可以帮助企业在固定建设成本、调度成本、土地租赁费用等成本的条件下获取更多的用户，让车辆有更高的使用频率以获取最大化利润。长远科学的选址布局战略可以帮助企业在固定时期内集中资源获取更多利润，从而实现可持续发展并占据市场份额。在以往研究中可以看到，卢婷等（2017）[4]等不少学者的研究中都将企业作为选址决策的因素之一，由分析可知，获取利润与降低成本是企业因素中的两大主导子因素。此外，整个城市对于共享新能源汽车的需求量也是企业应当考虑的因素，在政府主导下的共享新能源汽车规划中，拥挤临界点也是企业应当考虑的关键因素之一。

4.2.1 企业成本

共享新能源汽车行业的特点为重资产、重资源、重运营、低效率[115]。因此无论在企业发展初期还是中期，都需要较大的资金投入。共享新能源汽车经营企业的主要成本分为初始投资与后期维护。初始投资包括汽车购买成本、用地成本、初始投放的人力物力成本等；后期维护包括充电设施维修费用、汽车修理费用、汽车调度成本以及平台 App 开发与维护的成本等。下面对主要成本进行分析。

（1）汽车购买成本

对于企业而言，汽车的高购买成本是企业发展初期的主要成本。以 GoFun 为例，GoFun 出行的背后是首汽集团，该公司使用的基础车型有奇瑞 eQ1（7 万~8 万元）、奇瑞 qq（4 万~5 万元）、北汽 EV200（10 万元左右）、江淮 iEV5（15 万元左右）、荣威 e50（20 万元左右）、大众捷达（10 万元左右）、雪佛兰科沃兹（9 万元左右）、凯翼 E3（5 万~8 万元）等，整体而言，车型较为便宜，既有 4 万~10 万元的车型，也涵盖 10 万~20 万元的车型，但以 10 万元以下车型为主导。而联动云租车在大多数覆盖城市内推出的车型为观致 3（11 万元左右）或观致 5（14 万~20 万元），少量城市还有比亚迪秦（3 万~18 万元）、朗逸（12 万~15 万元）等，所采用的车型售价均在 10 万元以上。EVCARD 是环球车享旗下的品牌，采用纯电动车型，车型有宝马 i3（35 万元）、荣威 eRX5（16 万元左右）、荣威 Ei5（14 万~16 万元）、荣威 E50（19 万~24 万元）、奇瑞 EQ（16 万~18 万元）、北汽 EC180（8 万元左右）、北汽 EV160（18 万元左右）、别克 VELITE 6（22 万元左右）和 VELITE 5（26 万~30 万元）等，EVCARD 采用的车型众多，大多数车型价格区间在 10 万元以上，部分车型超过 20 万元。

由于共享新能源汽车企业在多个城市都有布点，每个城市还需保证一定的汽车数量，因此汽车购买投入多达几十亿元。

（2）用地成本

由于共享新能源汽车的体形大，单辆占地面积较大，每一布局点都需要划定较大的面积以供停车。车位租金根据城市不同有所差异，发展较为缓慢的城市每个车位月租金为300~800元，而一些一线城市高达1500元，假设企业在每个车位月租600元的城市投放200辆车，在该城市产生的车位租金可达12万元，全国范围内总的车位月租金可达上百万元。然而，由于一些城市的使用量较少，车辆的流动率较低，停放时间比行驶时间长，那么很可能造成该车辆制造的收益大于其成本。

（3）运营与维护成本

共享新能源汽车的运营与维护成本主要包括共享新能源汽车与充电设施的维修费用、汽车保险保养费、软件开发与维护费用、车辆调度成本、相关运营与维修人员工资等费用。由于共享电动汽车属于准公共产品，因此汽车的状态很大程度上由用户的素质决定，虽然企业会采取一定的措施保障汽车不被恶意毁损，但限制程度有限，车辆损耗比家用汽车快，因此汽车的维修成本与保养成本可能远高于家用汽车。用户在使用共享新能源汽车时考虑的因素以自身需求为主，因此汽车调度成本也是企业必要的支出。

由第3章分析可知，共享新能源汽车是准公共物品，准公共物品的一大突出特征是存在拥挤临界点，即在拥挤临界点之前，共享新能源汽车更偏向于公共物品性质，非排他性与非竞争性突出；然而，超过拥挤临界点之后，用户的增加会带来全体用户效用的减少，社会福利消失。下面将从拥挤临界点的角度进行具体的成本分析。

如图4-3所示，DD 为需求曲线，它向下倾斜表示价格的降低会带来需求量的增加。MC 为边际成本曲线，边际成本=边际生产成本+边际拥挤成本。Q_C 为需求约束线，在需求量小于 Q_C 的情况下，边际生产成本为零。Q_Y 为拥挤线，当需求量小于 Q_Y 时，边际拥挤成本为零；当需求量大于 Q_Y 时，边际拥挤成本大于零。

假设需求量小于 Q_Y，表明城市共享电动汽车供给大于需求。边际成本线 MC 与横轴重合，表明边际生产成本和边际拥挤成本都为零。MR 是厂商的边际收益曲线，它在 DD 线的下方。为了使利润达到极大，厂商将使其边际收益等于边际成本，此时厂商的供应量为 Q_0，相应的价格则为 P_0，具体见图4-3。

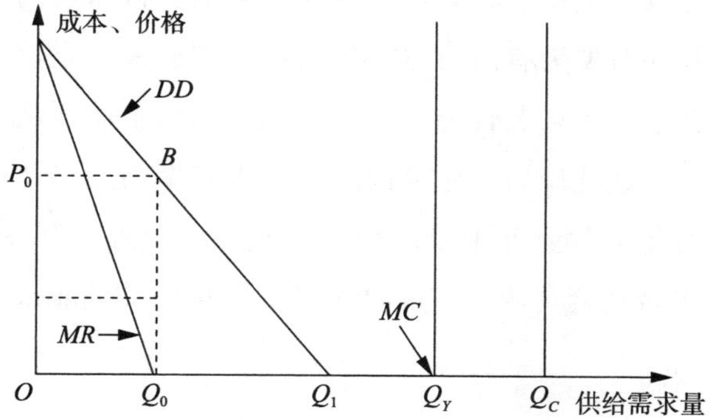

图 4-3　成本分析图（需求量小于 Q_Y）

假设需求量大于 Q_Y，表明城市共享电动汽车高峰时段开始出现。当价格为零时，需求量将达到 Q_1，$\triangle EQ_1B$ 代表消费者获得的效用不足以补偿他的消费带来的成本所引起的社会福利的净损失。拥挤成本是由消费者承担，按照边际拥挤成本收费，此时均衡价格和均衡供需量分别为由 MC 和 DD 的交点 E 所确定的 P^* 和 Q^*，具体见图 4-4。

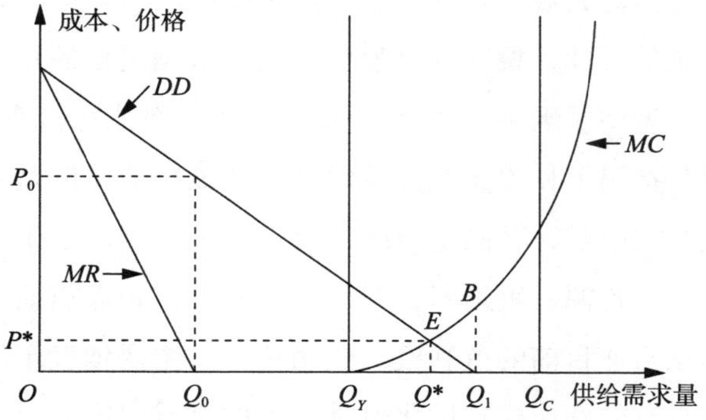

图 4-4　成本分析图（需求量大于 Q_Y）

4.2.2　企业收益

企业进入共享新能源汽车市场虽然有部分政策推动作用，但其终极目标一定是实现盈利。但由于共享新能源汽车市场重资产、重资源、重运营的特点，目前大部分共享新能源汽车企业盈利能力较低。

共享新能源汽车企业的利润点是为满足居民出行需求而推出的汽车分时租赁服务；利润对象为有出行需求的居民；利润来源是汽车租金，相对于其他企业而言，收入来源较为单一。因此，如果企业要从中获得较好的收益，必须要注重选址规划、注重提高市场占有率与用户使用频率，同时节约成本，从而在主营业务中获取较高的利润。此外，开发新业务模式，依托网络 App 平台整合资源，扩展收入来源也是相关企业未来盈利的可参考方向。

4.3 本章小结

本章在第 3 章“G-B-U”理论分析框架的基础上对政府与企业视角的影响因素进行深入分析，从 4 个方面分析政府视角的选址影响因素——发展规划、区位特征、城市交通与政策规制，从 3 个方面分析企业视角的选址影响因素——企业成本、企业收益与拥挤临界点。由于共享新能源汽车是准公共物品，因此其规划与发展非常依赖政府对于城市的整体规划以及对城市交通系统的设计，相应的政策引导也是影响选址的重要因素。而作为行业利益相关者中重要一环的企业决定了共享新能源汽车的发展速度，在政策的号召与指引下相关企业方虽然会涌向该行业，但是企业的逐利性驱使其衡量成本与收益，并制定相应的企业发展规划。由于共享新能源汽车行业重资产、重资源、重运营、低效率的特点，企业前期需要有大量的资金投入，而该行业目前的盈利模式较为单一，主要依赖于汽车租金，因此共享新能源汽车的商业模式优化也是未来的重点研究对象。本章中对于拥挤临界点的探讨可以为企业的定价与供给提供参考。

5

基于用户视角的需求因素分析

5.1 维度解析

深度访谈是社会科学领域较为经典的定性研究方法，通过对受访样本进行深度询问获知研究问题的表征与成因。本研究旨在通过深度访谈归纳总结居民的出行偏好与影响居民选择共享新能源汽车的因素，为后续研究打下坚实的基础；由于后期本研究主要运用XZ市主城区城市新能源汽车网点选址作为应用算例，因此前期访谈重点为XZ市居民并对其做深度访谈，后期对全国其他地区样本访谈作为补充完善。

2021年6月3—18日，项目组8人分为4组分别前往XZ市GL区、YL区、QS区与TS区的共享新能源汽车停车充电站，并在附近随机选择有意愿使用或刚使用过正在还车的用户实地调查走访，围绕影响受访者使用共享新能源汽车出行因素的主题，对20~60岁的50名XZ市居民进行了个人访谈，人均访谈时间为15分钟，受访样本基本情况如表5-1所示。

表5-1 受访样本基本情况

调查地		调查人次	调查日期	样本编号
GL区	鼓楼广场	3	6月3—6日	N1~N3
	彭城苏宁广场	6	6月7—11日	N13~N18
YL区	大龙湖风景区	5	6月12—14日	N20~N24
	XZ市政府	1	6月7—11日	N19
QS区	云龙湖	2	6月12—14日	N25~N26
	三胞	6	6月3—6日	N4~N9
	风华园	8	6月15—18日	N27~N34

续表

调查地		调查人次	调查日期	样本编号
TS 区	铜山万达广场	3	6 月 3—6 日	N10～N12
	国基城邦	7	6 月 15—18 日	N35～N41
	泉山森林海	9	6 月 15—18 日	N42～N50

2021 年 6 月 21 日至 8 月 31 日，本研究借助扎根理论，对 50 份个人访谈文本资料与录音进行了整理归纳，得到了 67 个关键高频词汇，在针对高频词汇进行筛选和集中分析后得到了租还便利性、公共交通替代性、私家车替代性、出行目的地、出行里程、出行规模、出行时间、经济成本、汽车驾驶能力、风险感知、卫生意识、环保意识、天气、疫情 14 个影响用户使用共享新能源汽车的关键因素，并进一步将其提炼为便利程度影响、出行特性影响、用户主观意识影响、客观环境影响 4 个范畴，具体如表 5-2 所示。根据资料编码结果可以得出，目前 XZ 市共享新能源汽车的选址布局尚有不尽如人意之处，有待进一步提升与完善。

表 5-2　访谈文本信息汇总

高频词	线索类别	维度	范畴
停车不方便，没有私家车，没有打车方便，停车场不好找，租还不方便，和家人朋友出去，太少，找不到，住的地方附近交通不方便，疫情消杀，太热或太冷，换乘，附近交通设施便利，有驾照但没开过车，私家车维修、保养、限号等不方便使用的情况，旅游，租车点太远，离地铁站太远，停车位占满，低碳，节能，环保，绿色，租车点没有车，带小孩出门，耗时间，中途故障，	停车不方便、停车场不好找、租还不方便、太少、找不到、租车点太远、停车位占满、租车点没有车、耗时间	租还便利性	便利程度
	没有打车方便、附近交通设施便利、不好打车、住的地方附近交通不方便、离地铁站太远、不如乘坐公交地铁方便、换乘	公共交通替代性	
	没有私家车，用车需求较大，一辆私家车不够用，私家车维修、保养、限号等不方便使用的情况，私家车出行有时找不到停车位，急事时私家车不在家，除非自己车辆不能使用	私家车替代性	

续表

<table>
<tr><th>高频词</th><th>线索类别</th><th>维度</th><th>范畴</th></tr>
<tr><td rowspan="11">半路没电，不好打车，不如乘坐公交地铁方便，下雨，早晚高峰，用车需求较大，一辆私家车不够用，私家车出行有时找不到停车位，卫生问题，开车技术不行，去交通不便利的地方往返，出去要途经多个地方，出行目的地较近，去火车高铁站和飞机场等地方，几个人，自己一个人，车辆安全问题，出行人数较多，工作日，非工作日，押金太高，没有驾照，价格不划算，价格和打车差不多，刚实行时送券，不会开车，违规处理，不干净，天气不好，这两年很少见，油价，带孩子需要安全座椅，汽车损坏维修责任，急事时私家车不在家，车内整洁程度，内部环境，除非自己车辆不能使用，穷</td><td>旅游、去交通不便利的地方往返、出去要途经多个地方、去火车高铁站和飞机场等地方</td><td>出行目的地</td><td rowspan="6">出行特性</td></tr>
<tr><td>出行目的地较近</td><td>出行里程</td></tr>
<tr><td>几个人、带小孩出门、出行人数较多、自己一个人、和家人朋友出去、带孩子需要安全座椅</td><td>出行规模</td></tr>
<tr><td>工作日、非工作日、早晚高峰</td><td>出行时间</td></tr>
<tr><td>押金太高、价格不划算、价格和打车差不多、刚实行时送券、油价、穷</td><td>经济成本</td></tr>
<tr><td>没有驾照、有驾照但没开过车、开车技术不行、不会开车</td><td>汽车驾驶能力</td></tr>
<tr><td>车辆安全问题、违规处理、中途故障、半路没电、汽车损坏维修责任</td><td>风险感知</td><td rowspan="3">用户主观意识</td></tr>
<tr><td>不干净、卫生问题、车内整洁程度、内部环境</td><td>卫生意识</td></tr>
<tr><td>低碳、节能、环保、绿色</td><td>环保意识</td></tr>
<tr><td>天气不好、下雨、太热或太冷</td><td>天气</td><td rowspan="2">客观环境</td></tr>
<tr><td>疫情消杀、这两年很少见</td><td>疫情</td></tr>
</table>

为检验访谈结果的稳健性、全面性，了解用户需求的城市差异性，本研究在 2021 年 9 月 1—10 日对 XZ 市以外南京、杭州、上海、北京、广州、深圳、兰州、武汉、西安、郑州、太原、长沙、烟台等地 25 名用户进行了深度访谈，样本访谈结果发现，XZ 以外城市的 25 个样本访谈相关文本信息中有访谈对象提出“单双号限行时替代”“传统能源与新能源汽车路段限行政策”“绿牌车与蓝牌车的交通限制”等因素会影响其选择共享新能源汽车。由于以上新增 3 条信息在影响因素最终的选择上仍然归属于“租还便利性”“公共交通替代性”以及“私家车替代性”等关键维度，而其他关键词和关键信息虽个别表述不同，但主体表达语义和关键信息均包含在表 5-2 的相关信息和线索内，所以新增信息和关键词并未在整体上改变

表5-2的维度和范畴的划分；表明表5-2所示城市共享新能源汽车的居民调查访谈信息较为稳健和全面，地区差异并不显著，表5-2的访谈内容可以为后续影响因素调查分析提供参考。

根据上述访谈结果，本研究将用户使用共享新能源汽车的需求偏好与影响用户选择行为的因素总结梳理如下：

（1）用户使用共享新能源汽车的需求偏好

根据出行目的地、出行规模、出行里程、出行时间等出行特性，研究发现在以下场景中用户会较为频繁地使用共享新能源汽车：当用户在旅途中有活动锚点、出行要途经许多地方；去路途较远、交通不便利的地方；去交通不便利的地方往返；附近交通设施不便利；几个人一块出去旅游；自己一个人去火车高铁站以及机场等地方；带有小孩或老人，不太方便使用其他交通工具时；出行目的地不容易找到私家车停车位时；没有私家车，几个人一同出行；私家车因维修、保养、限号等原因出行不方便时；家庭出行需求太大，一辆私家车不够用；天气不好；等等。

此外，用户使用共享新能源汽车出行通勤规律明显，在工作日，住宅区的用户早晚高峰使用频次较高；在非工作日，住宅区的用户早晚高峰出行特征不再明显，出行时间稍有后延。在商业区的通勤规律则较为明显，出行集中在11：00~13：00或20：00~21：00。

（2）用户未被满足的需求

目前共享新能源汽车仍存在一些未解决的问题，如租还不方便、租车点无车可借、还车点无位可还等调度问题，租车点与还车点距离太远等选址布局问题，价格和打车差不多但不如打车方便等成本问题，车辆故障、里程焦虑、违规处理麻烦等感知风险问题，车型、车品牌、车况与车内座位数量（是否有7座或者商务车，以弥补家用汽车只能乘坐4~5人的不足）以及疫情与卫生问题等。

（3）影响用户选择的主要因素

由访谈内容可知，影响用户对新能源共享汽车选择行为的主要因素除了上述分析的租还便利性、经济成本、其他交通工具替代性、出行规模、出行时间、出行目的地、出行距离、天气因素、疫情因素、用户对使用风险的感知、对卫生与环保的重视等因素外，年龄、性别、驾照、开车技术等个人因素也是影响共享新能源汽车使用的关键，是值得我们关注的一大方面。

综上，根据深度访谈结果，本研究最终将影响城市共享新能源汽车选址的用户偏好相关因素梳理为便利程度、出行特性、用户主观意识、客观环境四大主范畴，并包含租还便利性、公共交通替代性、私家车替代性、出行目的地、出行里程、出行规模、出行时间、经济成本、汽车驾驶能力、风险感知、卫生意识、环保意识、天气、疫情14大关键维度。

5.2 关键影响因素识别

陈瑞雅、李建强（2018）[116]将潜在用户率列为影响共享新能源汽车选址的重要因素；赵永全和朱兴和（2018）[114]、王安琪和冀宵玉（2018）[110]等研究发现，需求因素是影响共享新能源汽车选址的重要因素。因此，如何准确预测目标群体数量，确定共享新能源汽车的用车需求量是建立合理科学的选址模型中应重点考虑的问题。为了准确预测共享新能源汽车需求人口，本研究通过文献梳理与资料收集探索影响用户使用意愿的各类因素。

国外部分学者对共享新能源汽车用户特征的研究如表5-3所示。

表5-3 国外有关共享新能源汽车用户特征研究

年份	作者	影响因素
2010	Shaheen 和 Martin[13]	降低支出、停放点的便捷程度、环保性
2012	Costain 等[117]	消费者对环境的态度、对车辆安全的态度、使用共享新能源汽车的频率、用户使用时间、每月的用车需求
2013	He 等[65]	性别、家庭规模、受教育程度、年龄、是否拥有汽车、收入
2016	Sun 等[16]	里程焦虑
2017	Kim 等[121]	押金数目、每小时使用费用
2018	Hu 等[120]	停车位、人口密度、年龄、性别、地理位置、公共交通邻近性、房价
2018	Chen 等[111]	共享新能源汽车站点属性、建筑环境（密度、多样性、设计和目的地可达性）、交通设施
2020	Bi 等[122]	年龄、性别、日期类型（工作日、非工作日）、出行目的

续表

年份	作者	影响因素
2021	Zhang 和 Zhang[123]	出行效用：出行成本和舒适度
2021	Abbasi 等[124]	日期类型（工作日、非工作日）、年龄、公共交通服务、人口密度
2021	Caulfield 和 Kehoe[125]	年龄、性别、出行距离、车辆所有权、出行目的

资料来源：作者根据文献资料自行整理。

2018 年至今，国内学者在消费者选择共享新能源汽车的影响因素、使用意愿和消费行为等方面的研究逐渐增多，具体情况如表 5-4 所示。

表 5-4　国内有关共享新能源汽车用户特征研究

时间	作者	影响因素
2018 年 6 月	陈小鸿等[127]	年龄、性别、月用车频率、月用车时长、月用车里程
2018 年 2 月	宋玲玉等[126]	性别、收入、是否拥有驾照、年龄、城市、是否使用过网约车、是否使用过共享单车
2018 年 4 月	袁霞、王爱民[128]	创新性、感知易用性、感知风险、感知有用性、环保意识
2018 年 11 月	王保乾、邵志颖[129]	是否有车、里程距离、性别、学历、节能环保、社会影响、价格价值、努力期望
2018 年 12 月	黄玥、于宏程[130]	驾驶年龄、性别、年龄、年收入、学历
2019 年 1 月	刘向等[132]	使用成本、驾驶年龄、是否拥有汽车、到停放点距离、年龄、出行距离、收入、受教育程度
2021 年 6 月	董会敏[131]	天气、日期、兴趣点（各类型功能区）
2021 年 12 月	仝德等[27]、孙叶等[119]	出行距离和时长、出行时点、出行频次、出行目的、年龄、取车和还车功能区
2022 年 6 月	任惠等[105]	各类型功能区、日期类型（工作日、非工作日）、气象因素（温度、天气）、出行时间段

资料来源：作者根据文献资料自行整理。

基于建立便于量化的共享新能源汽车需求人口预测指标体系的要求，本研究根据“便于预测共享新能源汽车需求人口数量”的原则，结合共享新能源汽车使用情况，对国内外现有研究中，影响消费者使用共享新能源汽车的因素进行筛选与归纳。将影响因素分为两类，一类是基于社会人口统计变量的影响因素，用于预测可能使用共享新能源汽车的需求群体；另一类是具体影响消费者对共享新能源汽车使用意愿的因素，基于可能的需求群体，用于进一步预测需求量。

（1）基于社会人口统计变量的影响因素

“创新性”“感知有用性”等变量，因不便于预测人口数量，本研究不予采纳。“家庭规模”与消费者对共享新能源汽车的选择行为没有必然联系，而出行人数与是否使用汽车相关，故改为“出行规模”；学历代表用户的受教育程度；家庭月收入可能决定了用户使用共享新能源汽车的频率；日常出行方式可以体现被调查者的日常出行习惯；家庭是否有车可能是影响用户选择共享新能源汽车的关键因素。

经过筛选得出8点影响消费者选择共享新能源汽车的因素：性别、年龄、学历、家庭月收入、日常出行方式、共享新能源汽车使用经历、驾照持有情况、家庭车辆拥有情况，具体见表5-5。由此得出用于构建共享新能源汽车需求预测指标体系的关键社会人口统计变量因素。

表5-5 影响因素来源（社会人口统计变量视角）

因素	来源
性别	黄玥和干宏程[130]、He 等[65]的研究
年龄	黄玥和干宏程[130]、刘向等[132]、陈小鸿等[127]、He 等[65]的研究
学历	刘向等[132]、黄玥和干宏程[130]、He 等[65]的研究
家庭月收入	黄玥和干宏程[130]、宋玲玉等[126]、He 等[65]的研究
日常出行方式	米均[133]、陈小鸿等[127]、袁霞和王爱民[128]等的研究
共享新能源汽车使用经历	宋玲玉等[126]、He 等[65]的研究
驾照持有情况	宋玲玉等[126]、黄玥和干宏程[130]、He 等[65]的研究
家庭车辆拥有情况	刘向等[132]的研究

（2）消费者使用意愿的影响因素

通过对共享新能源汽车现有研究与实际使用情况的分析，发现影响共享新能源汽车使用意愿的因素除了人口统计变量因素外，与用户个人体验相关。影响其使用意愿的因素有以下9点：出行规模、出行目的、低碳环保、出行时段、天气因素、使用风险、出行成本、出行舒适度与出行便利性，具体见表 5-6。

表 5-6　影响因素来源（消费者使用意愿视角）

因素	来源
出行规模	米均[133]、刘向等[132]的研究
出行目的	Costain 等[117]、Caulfield 和 Kehoe[125]、米均[133]、张圆和邓院昌[7]等的研究
低碳环保	袁霞和王爱民[128]、王保乾和邵志颖[129]的研究
出行时段	Abbasi 等[124]、Bi 等[122]、仝德等[27]、任惠等[105]的研究
天气因素	任惠等[105]、董会敏[131]的研究
使用风险	袁霞和王爱民[128]的研究
出行成本	王保乾和邵志颖[129]、刘向等[132]的研究
出行舒适度	Zhang 和 Zhang[123]的研究
出行便利性	Shaheen 和 Cohen[118]的研究

5.3　市场需求预测

共享新能源汽车选址必须要考虑用户的需求，在综合分析现有预测方法的特点之后，考虑到属于新兴行业的共享新能源汽车，其市场需求并没有历史数据可以参考这一特点，本研究结合客观数据与主观数据综合确定需求点与需求量。

（1）确定需求点

首先确定研究范围，根据人口普查数据与该地区的统计年鉴得到有关人口的基本数据，如常住人口数量、年龄分布、地区面积大小、人口密度等。

以当地居民日常出行范围的平均水平作为出行距离，以该数据作为将研究区域划分为研究单元的依据，即将研究区域划分为若干个以出行距离为边长的正方形的研究单元。

在地图上取研究单元的几何中心点作为需求点，每一需求点的需求量代表该研究单元面积内所有的需求量。为简化计算，将该研究单元的总需求人口作为该需求点的需求量。

（2）确定需求量

①根据该地区的最新人口普查数据以及行政区域划分，确定每一行政区域（街道/镇）的常住人口数量。②结合驾照考取的年龄限制与问卷中有过共享新能源汽车使用经历用户的年龄，可将区域内 20~59 岁的居民作为潜在客户群体。③根据使用共享新能源汽车经历的有无将潜在客户群体分为两组，根据对当地居民的问卷调查结果确定两类群体中有使用意愿的比例。④按照两类群体中有使用意愿的比例计算两类潜在客户群体中的目标客户数量。⑤根据各研究单元的面积大小与常住人口数量两项指标，将各行政区域（街道/镇）的目标客户分配至各研究单元作为该单元需求点的需求量。

5.4 本章小结

本章通过深度访谈与文献整理的方法对“G-B-U”中有关用户的影响因素进行深入分析。由深度访谈可知，当用户在旅途中有活动锚点、出行途经地点较多；出行路程较远、目的地交通便利程度低、附近替代交通设施缺乏；出行规模较大以及恶劣天气等多种出行场景下使用共享新能源汽车出行偏好会增大。用户使用共享新能源汽车出行通勤规律明显，相对而言，工作日的住宅区用户早晚高峰使用频次较高，非工作日，住宅区的出行时间稍有后延；商业区用户通勤规律较为明显。

在对文献进行梳理过程中发现，影响用户选择共享新能源汽车出行的主要因素可分为两大类：一是基于社会人口统计变量的影响因素，如性别、年龄、收入、学历、驾照持有情况等；二是影响用户使用意愿的因素，如出行目的、低碳环保、出行时段、天气因素、使用风险、出行成本、出行舒适度与出行便利性等。

由于用户需求预测是选址网点布局的重要参考依据，因此，本研究在对用户视角的分析基础上提出了一种市场需求预测方法。

6

城市共享新能源汽车网点选址模型构建

6.1 网点选址模型构建步骤

通过第 2 章对以往研究文献的梳理可知，现有选址模型构建主要可分为 5 个方面：第一方面是从企业角度出发，模型构建的主要目标是使企业成本最小化，利润最大化；第二方面是从用户角度出发，模型构建主要目的是使用户的出行成本最小，获得效用最大；第三方面是从电网出发，考虑电网承载能力、电网容量、用电安全等因素构建模型；第四方面是基于社会总效益最大化、系统管理等角度构建模型；第五方面是根据现实数据利用更优化的数理方法构建评价模型，进行选址优化。本研究认为共享新能源汽车具有准公共物品属性，其发展受政府引导，同时考虑到相关企业的收益主要来源于用户租车支付的租金，因此，对于共享新能源汽车行业而言，用户数量越多，用户使用频率越高，对于城市绿色发展越有益，且企业可获取的收益也更高。更进一步，本研究通过深度访谈与第 7 章对 XZ 市居民问卷调查得知，出行便利度与出行成本等因素对于用户选择共享新能源汽车有着较大的影响，因此，本研究将规划目标确定为最大化用户效用，减少用户出行成本，以此构建三步走选址模型。

第一步，准确预测研究区域内共享新能源汽车的市场需求情况。按照通常情况下居民出行范围，将研究区域划分为均等大小的研究单元并将其几何中心确定为需求点。根据消费者需求的影响因素分析结果，结合研究区域的统计年鉴和全国人口普查数据等基本社会人口统计特征，建立共享新能源汽车需求点需求人口的预测体系，预测出研究单元内共享新能源汽车的市场需求。

第二步，根据问卷调查结论、深入访谈结果以及前人文献研究结论，构建共享新能源汽车备选网点的选址标准，筛选符合要求的潜在网点。

第三步，以需求点与备选网点的间距作为出行成本依据，构建总出行成本最小化的共享新能源汽车选址模型，选择科学高效的求解方法并对其进行求解，求出最佳网点的分布方案（见图 6-1）。

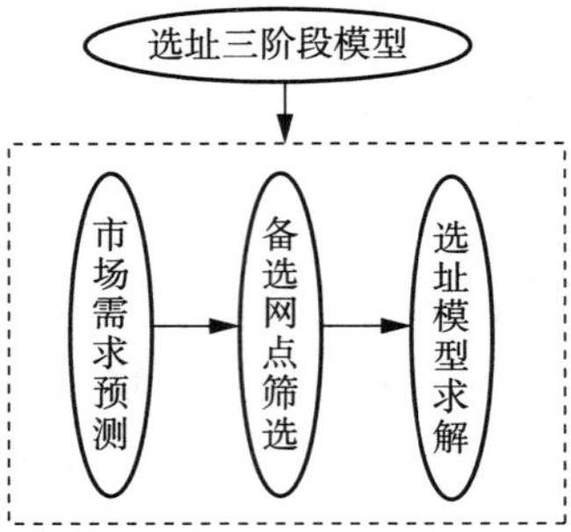

图 6-1　选址三阶段模型

6.2　筛选备选网点

根据第 5 章市场需求预测，结合文献梳理、当地调查结果、当地政策导向及现实选址倾向确定潜在的备选网点。可借鉴本研究提出的 10 类地点（见第 4 章图 4-1）。

6.3　理论模型构建与求解

6.3.1　模型选择

选址问题最早由 Alfred Weber 为了解决单个仓库到多个客户总距离最短的问题而提出。目前，设施选址的经典模型可分为 4 类[134]：

（1）P-center 模型

在 n 个备选点中寻找 P 个选址点，使得研究区域内距各选址点最远的需求点总访问距离最小。

（2）最大覆盖模型

确定 P 个选址点以在访问时间或期望距离的约束条件下覆盖最多的需求。

（3）集合覆盖模型

在限定距离或时间的条件下用最少的设施满足尽可能多的需求。当前研究中与选址问题求解相关的算法有粒子群优化算法、贪婪算法、遗传算法、蚁群算法、免疫算法等多种方法。

（4）P 中值模型

在 n 个备选网点中选定 P 个配送点以满足 m 个需求点使得配送总成本最低。

考虑到共享新能源汽车选址必须要尽可能覆盖更多的目标群体，且满足用户的需求以支持长远发展，因此本研究选择适用于以用户出行效率为导向，将各需求点的需求量作为权重，通过需求点到备选网点的总距离最小确定最终选址点的共享新能源汽车选址规划问题的 P 中值模型。

对 P 中值模型求解的常用方法有分支定界法、近视算法、对偶规划法与邻域搜索算法等传统线性规划方法，也有模拟退火算法、神经网络算法、遗传算法、粒子群算法等基于现代软件的计算方法。

6.3.2 构建 P 中值模型及求解

Aksen D. 等（2013）[10]将 P 中值问题的目标定义为在给定数量的潜在站点中确定 P 设施的最佳站点，以尽可能低的成本满足客户需求。

本研究中的 P-median 模型是在 n 个备选网点中寻找 P 个最优选址点，使得每个需求点到对应唯一选址点以需求量为权重的总加权出行距离最小，以提高用户的出行效率为目的确定选址点位置。表达式如下所示：

$$\text{Min } Z = \sum_{x \in M} \sum_{y \in N} D_x d_{xy} Y_{xy} \tag{6.1}$$

$$\text{s. t. } \sum_{y \in N} X_y = P \tag{6.2}$$

$$\sum_{x \in N} Y_{xy} = 1, \ x \in M \tag{6.3}$$

$$Y_{xy} \leqslant X_y, \ x \in M, \ y \in N \tag{6.4}$$

$$X_y \in \{0, 1\}, \ y \in N \tag{6.5}$$

$$Y_{xy} \in \{0, 1\}, \ x \in M, \ y \in N \tag{6.6}$$

其中，Z 为目标函数；N 为 n 个备选网点的集合，$N=\{1, 2, \cdots, n\}$；M 为 m 个需求点的集合，$M=\{1, 2, \cdots, m\}$；x 为各个需求点的序号；y 为各个备选网点的序号；P 为选址点个数；D_x 为需求点 x 的需求量；d_{xy}为需求点 x 和备选网点 y 之间的距离；X_y 为 0/1 决策变量，0 代表 y 点不建立选址点，1 代表 y 点建立选址点；Y_{xy}为 0/1 决策变量，0 代表选址点 y 不为需求点 x 提供服务，1 代表选址点 y 为需求点 x 提供服务。

式（6.1）表示该模型构建的目标是让各个需求点到各唯一对应选址点的以需求量为权重的用户加权出行总距离最小化；式（6.2）表示研究区域内总共选定 P 个网址建设点；式（6.3）表示每个需求点只能对应一个选址点；式（6.4）表示需求点只能被分配到建设网点；式（6.5）表示备选网点 y 是否被选中；式（6.6）表示需求点 x 和备选网点 y 之间的关系为 0-1 关系，0 表示未对应，1 表示对应。

在模型求解方面，用 Matlab 软件调用 yalmip 工具箱，输入代码建立 P 中值模型并利用 CPLEX 12.8 求解器，选择分支定界算法，经过多次求解从 n 个备选网点中获得最优的 P 个选址点。

6.4 本章小结

本章对研究中的选址三阶段模型进行了构建。

第一阶段：确定需求点与相应的需求量。首先由人口普查数据与地区统计年鉴得到研究范围内的基本数据信息；其次以当地居民日常出行范围的平均水平作为研究单元的划分依据；最后取研究单元的几何中心点作为需求点并结合调查问卷与人口普查等数据计算各需求点的需求量。

第二阶段：根据用户日常出行始发地与目的地，将学校、医院、景区、大型购物广场等地点附近确定为备选网点。

第三阶段：在对现有选址研究方法进行总结归纳的基础上，确定更适合本次研究的 P 中值模型方法构建对应模型并用 Matlab 软件进行求解。

7

算例研究

——以XZ市为例的应用研究

XZ 市，古称“彭城”，是 JS 省辖地级市，省域副中心城市，是国务院批复的国家历史文化名城和全国性综合交通枢纽。总面积为 11258 平方千米，常住人口为 902 万人，2021 年，XZ 市地区生产总值为 8117.44 亿元。作为淮海经济区中心城市，XZ 市积极响应国家号召，先后出台了一系列政策促进新能源汽车发展，如 2015 年 XZ 市政府发布的《关于印发 XZ 市新能源汽车推广应用实施意见的通知》中规定采取购买补贴的方式鼓励居民购买新能源汽车并且减免相关的税费。在充换电设施建设方面，该通知提出要科学规划充换电设施布局，在充换电设施用地政策上给予支持与优惠，鼓励采用 App 投资运作模式通过多渠道投资建设充换电设施等全力支持新能源汽车产业发展。目前，EVCARD 等共享新能源汽车企业在 XZ 市发展蒸蒸日上，XZ 市拥有良好的政治环境与经济环境发展共享新能源汽车，因此，本研究选取 XZ 市为例对共享新能源汽车选址模型进行实证。

7.1 发展现状

据公安部统计数据，截至 2022 年 9 月底，全国新能源汽车保有量为 1149 万辆，占汽车总量的 3.65%，其中，纯电动汽车保有量为 926 万辆，占新能源汽车总量的 80.56%。截至 2022 年 9 月底，JS 省新能源汽车保有量为 83.41 万辆，占汽车总量的 3.7%，比上年同期增加 32.9 万辆，增长 65.1%。其中，纯电动汽车保有量为 72 万辆，占新能源汽车总量的 86.3%。从 2022 年季度注册登记量来看，每一季度的新能源汽车注册量呈现上升趋势，第三季度月均注册 4.6 万辆，高于 2022 年上半年的月均注册量。

目前 XZ 市从事共享新能源汽车分时租赁经营的一共有三家企业，分别为 XZ 绿色出行服务有限公司的“XZ 出行”、XZ 恒天易开汽车运营有限公司的“易开出行”以及环球车享 XZ 租赁有限公司的“EVCARD”。三家公司的汽车收费与使用方法大致相同，都是“押金+分时付费”模式，用户通过手机下载相应 App 并进行注册，通过应用地图找到最近的车辆网点，可查看空闲充电桩数量与车辆数量，在支付押金后租用车辆，使用费用依据使用时间而定。

7.2 面临的问题

（1）城市建设导致交通拥堵

虽然 XZ 市经济发展提高了居民的生活质量，但 XZ 市汽车数量的增加却给 XZ 市的交通带来了巨大压力，因此，XZ 市多处重要道路都在重新规划修建，XZ 市城建重点工程汇总见表 7-1。根据 2022 年 5 月 XZ 市城市管理运行中心发布的城建重点工程进展情况，目前 XZ 市的重大在建工程超过 18 项，可以有效缓解未来的城市交通压力。但由于在建工程较多，XZ 市交通状况未处于良好状态，如图 7-1 和图 7-2 所示，XZ 市用车高峰期拥堵路段较多。

表 7-1 XZ 市城建重点工程汇总

序号	地址	序号	地址
1	和平路西延工程	10	轨道交通三号线道路恢复及交通接驳工程
2	复兴路（白云立交至汉桥段）改造工程	11	韩山路改造工程
3	北京北路（解放地道终点至欣欣路段）改造工程	12	白云山立交扩容工程
4	塔东路东延工程——下穿工程	13	复兴路南延一期工程
5	塔东路东延工程——高架工程	14	中山北路改造工程
6	XZ 市郭庄路东延工程	15	中山北路宕口工程
7	XZ 市建国东路、泉润大道（老徐萧路）和五山公园综合管廊工程	16	长安路改造工程
8	五山公园一期 A 线道路工程	17	九里山平山路宕口生态修复工程
9	泉润大道（老徐萧路）工程	18	XZ 市天齐路宕口生态修复工程

资料来源：http：//cg. xz. gov. cn/zt/007002/20230106/f781f01c-8a7f-4b06-9c00-f828ab950d63. html。

图 7-1　XZ 市交通情况 a

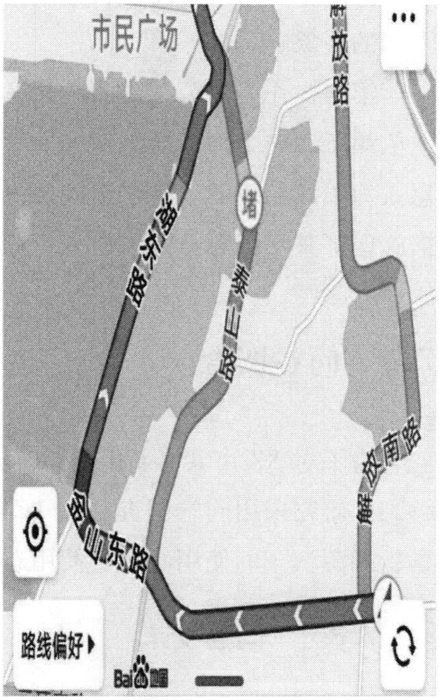

图 7-2　XZ 市交通情况 b

（2）共享新能源汽车发展受阻

第一，共享新能源汽车运营问题突出。与共享单车相比，共享新能源汽车的造价更高，损坏维修成本更高，停车位建设需要的场地更大，属于重资产产业[135]，因此，XZ 市网点分布密度不高，这也带来了寻车难、还车难的问题。

第二，寻车与还车问题是阻碍 XZ 市新能源汽车发展的一大要素。在对 XZ 市市民进行深度访谈与问卷调查的过程中发现，一些被调查者反映自己的出行地或者目的地附近没有共享新能源汽车的网点，去往最近的网点用车或还车还会造成额外的经济成本与时间成本。因此虽然用车便宜，但其他成本的增加则会导致总体用车的性价比偏低，因而选择其他的出行方式。

第三，除了选址问题外，用车责任归属问题也限制了 XZ 市共享新能源汽车的发展。驱车过程中很可能发生违章扣分、剐蹭等问题，一辆共享新能源汽车一天内可能流转在多位用户间，如果监管不当很可能造成责无人担的现象。

第四，作为准公共物品的共享新能源汽车，其日常维护成本很大程度上依赖于用户个体素质。正如共享单车发展初期，各个城市都有车辆被故意人为损坏的现象，共享新能源汽车也有可能面临这样的隐患，采取何种措施保证其不被恶意毁损也是企业应当关注的重点。

7.3 问卷调查

为了对 XZ 市共享新能源汽车的使用现状与居民使用偏好进行深入了解，本研究采用问卷调查法对 XZ 市市民的日常出行行为、出行偏好及共享新能源汽车的使用经历、使用态度与接受程度等方面进行调研。

7.3.1 问卷设计

本章基于第 4 章与第 5 章理论分析的结果，在总结各类影响用户选择共享新能源汽车出行因素的基础上，制定了影响因素问卷。该问卷共分为五大部分：日常出行行为、共享新能源汽车使用经历、影响选择因素、未来使用行为与被试者基本情况统计，如表 7-2 所示。

表 7-2 问卷设计

变量名称	变量描述	内容描述
日常出行行为	出行目的	工作、休闲娱乐、接送家人、就医、学习培训、消费购物、其他
	出行方式	自驾车出行、自行车/电动车/摩托车出行、出租车/滴滴出行、地铁/公交车等公共交通出行、步行出行、共享自行车/电动车/电动汽车出行
	出行需求	出行需求能否得到满足、共享新能源汽车能否补偿未被满足的需求
共享新能源汽车使用经历	使用频率	非常低、较低、一般、较高、非常高
	使用日期	工作日、非工作日、都有
	使用时段	7：00~9：00、9：00~11：00、11：00~14：00、14：00~17：00、17：00~20：00、20：00~24：00、24：00~7：00
	驾驶目的地	休闲娱乐场所（如餐饮、购物、景区等）、转乘（如火车、高铁站、机场、地铁等）、工作单位、学校、医院、其他

续表

变量名称	变量描述	内容描述
影响选择因素	选择原因	公共交通不便利、经济性、方便使用/便利性、所在地区打车难、所到目的地停车难、环保性、其他
	不选择原因	共享新能源汽车数量太少、不如打车方便、出发地或目的地没有网点、不如乘坐公共交通工具方便、押金或出行价格太高、开车技术问题、没有驾照、其他
	潜在影响因素	低碳环保、出行成本、租还便利性、出行紧迫性、出行舒适度、出行私密性、使用风险（如违规处罚的责任归属、中途电量耗尽）、疫情（车内消杀等）、出行规模（单次出行人数）、天气（太热、太冷、雨雪等）
未来使用行为	未来使用可能性	不可能、不太可能、一般、比较可能、极大可能
	未来使用频率	非常低、比较低、一般、比较高、非常高
被试者基本情况统计	性别	男、女
	年龄	20 岁以下、20~29 岁、30~39 岁、40~49 岁、50~59 岁、60 岁以上
	学历	初中及以下、高中/职高、专科、本科、研究生及以上
	职业	全日制学生、生产人员、销售人员、市场/公关人员、客服人员、行政/后勤人员、人力资源、财务/审计人员、文职/办事人员、技术/研发人员、管理人员、教师、顾问/咨询、专业人士（如会计师、律师、建筑师、医护人员、记者等）、其他
	家庭月收入	1 万元以下、1 万~3 万元、3 万~5 万元、5 万元以上
	常住地址	××省××市
	汽车拥有情况	家庭是否拥有汽车
	驾照持有情况	本人是否拥有驾照

7.3.2 问卷发放及数据基本分析

本次调查采用问卷星平台（https：//www. wjx. cn/vm/t7v9U0o. aspx）进行问卷的发放与收集，通过团队成员将问卷链接推送给 XZ 市居民的形式收集问卷。本次调查共收回问卷 420 份，剔除其中答案明显异常问卷 11 份，有效问卷为 409 份，每份问卷的平均回答时长为 3 分钟 12 秒。为进一步保证问卷填答质量，根据题量，结合平均时长作为参考依据，剔除回答时长在 50 秒以下的问卷，最终得到有效问卷 395 份，有效问卷占比为 96. 58%。

（1）被试者基本情况统计

课题组首先对 395 份 XZ 市市民有效问卷的人口统计变量进行了描述性统计分析，见表 7-3。其中，受访者性别，男性占比 44.3%，女性占比 55.7%；年龄主要集中在 20~39 岁，占比 78.99%；受访者主要为本科及以上学历，占比 86.83%；家庭月收入集中在 3 万元以下，占比 78.73%；且受访者中职业覆盖较为全面，样本选取较为合理。

表 7-3　被试者基本情况统计

变量名称	变量描述	样本数/人	占比/%
年龄	20 岁以下	19	4.81
	20~29 岁	182	46.08
	30~39 岁	130	32.91
	40~49 岁	48	12.15
	50~59 岁	15	3.8
	60 岁以上	1	0.25
性别	男	175	44.3
	女	220	55.7
学历	初中及以下	6	1.52
	高中/职高	9	2.28
	专科	37	9.37
	本科	150	37.97
	研究生及以上	193	48.86
职业	全日制学生	99	25.06
	生产人员	10	2.53
	销售人员	21	5.32
	市场/公关人员	7	1.77
	客服人员	3	0.76
	行政/后勤人员	28	7.09
	人力资源	9	2.28
	财务/审计人员	14	3.54
	文职/办事人员	15	3.80
	技术/研发人员	28	7.09
	管理人员	35	8.86
	教师	38	9.62
	顾问/咨询	1	0.25
	专业人士（如会计师、律师、建筑师、医护人员、记者等）	21	5.32
	其他	66	16.71

续表

变量名称	变量描述	样本数/人	占比/%
家庭月收入	1 万元以下	102	25.82
	1 万~3 万元	209	52.91
	3 万~5 万元	50	12.66
	5 万元以上	34	8.61

由图 7-3 可知，此次被调查者中，有 12%的被试者无驾照，88%的被试者取得了驾驶资格证；由图 7-4 可知，被试者中 89%的被试者家里至少拥有一辆汽车。

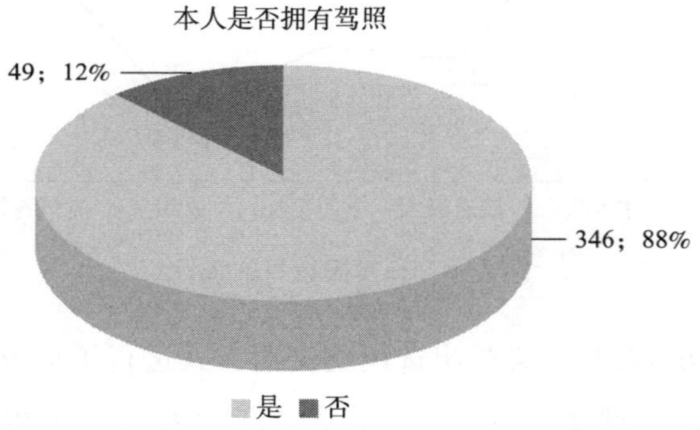

图 7-3 驾照持有情况占比

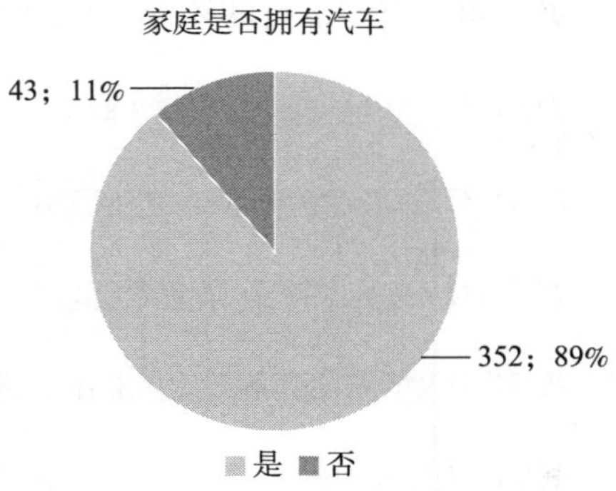

图 7-4 家庭车辆拥有状况统计

（2）日常出行行为

对人口统计变量进行描述性统计分析后，课题组首先对受访者群体的日常外出目的进行了统计分析，我们发现在受访者人群中，工作、休闲娱乐和消费购物是其日常外出的主要目的；学习培训、接送家人和就医是其日常外出的次要目的（见图 7-5）。日常外出的主要目的依次是工作（74. 94%）、休闲娱乐（65. 82%）、消费购物（50. 89%）、学习培训（30. 89%）、接送家人（28. 35%）、就医（14. 68%）以及其他原因（1. 27%）。

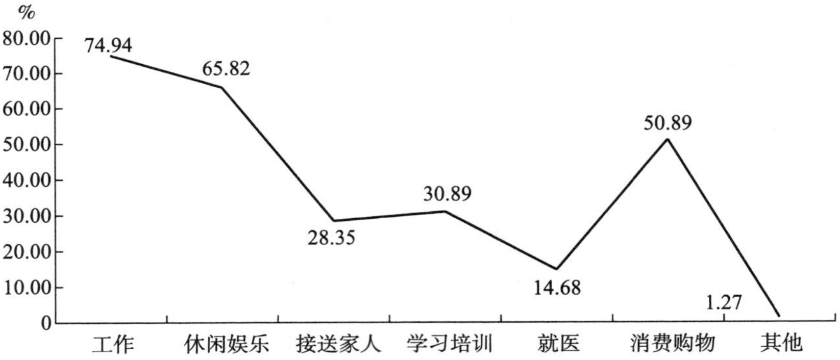

图 7-5　日常出行目的统计

其次对受访者群体日常外出选用的交通方式进行了调查，我们发现在受访者人群中，自驾车，自行车、电动车、摩托车，出租车、滴滴，地铁、公交车等公共交通是其日常主要出行方式，日常外出采用步行或共享自行车、共享电动车、共享电动汽车出行的较少（见图 7-6）。

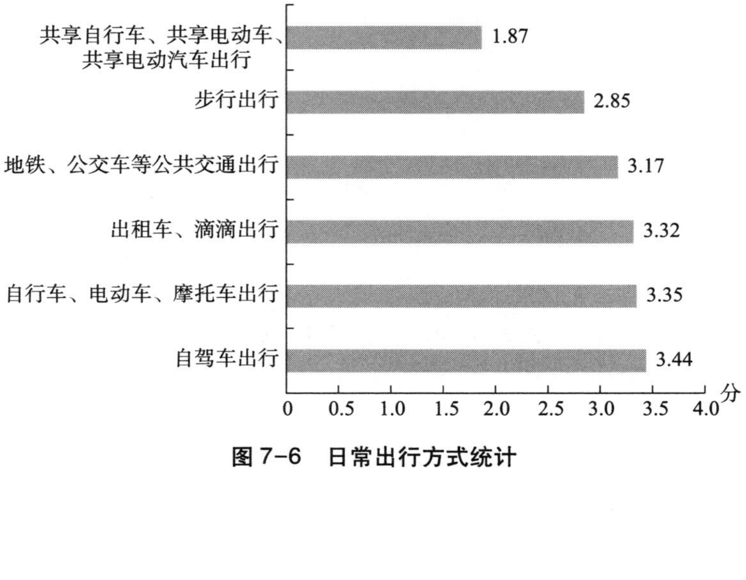

图 7-6　日常出行方式统计

最后课题组对受访者群体的现有出行方式是否能够满足出行需求进行了调查，我们发现94.94%的受访者表示现有出行方式能够满足自己的出行需求，5.06%的受访者表示现有的出行方式并未满足自己的出行需求（见图7-7），并表示自己在日常出行中存在没有私家车、远距离出行不方便、停车难、道路拥堵、地铁覆盖区域少、有些地方不易打车、地理位置不好、找不到车、天气太热、通勤时间太长等出行不便利之处。在5.06%的出行需求尚未被满足的被试者中，70%的被试者表示共享新能源汽车可以满足自己未被满足的出行需求，即共享新能源汽车可以解决没有私家车，停车难，不易打车，地铁、公交等公共交通出行不方便，通勤时间太长等难题。

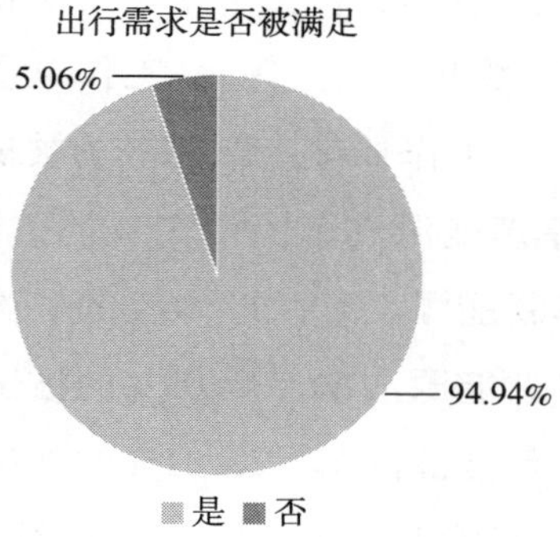

图7-7 出行需求满足情况占比

调查数据显示，在所有被试者中，仅有69个被试者即17%的人使用过共享新能源汽车（见图7-8），可见共享新能源汽车的普及率较低。

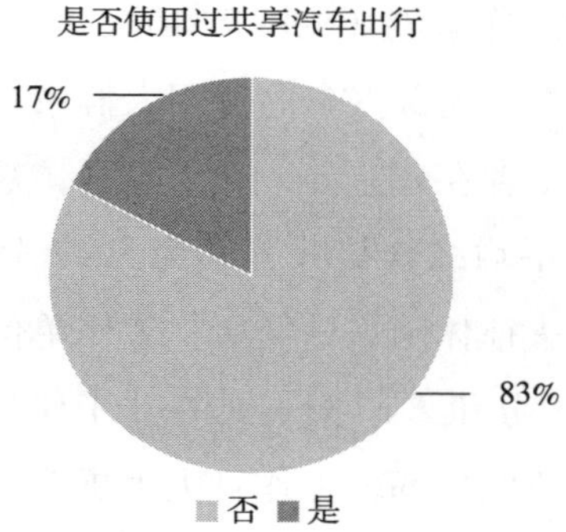

图7-8 共享汽车使用经历占比

在使用共享新能源汽车的人群中，47.83%的人一般是在非工作日使用，17.39%的人是在工作日使用，34.78%的人在工作日和非工作日都会使用。工作日时，63.89%的被试者一般是在17：00~20：00时间段使用共享新能源汽车，50.00%的被试者一般是在14：00~17：00时间段使用共享新能源汽车，41.67%的被试者一般是在11：00~14：00时间段使用共享新能源汽车，36.11%的被试者一般是在9：00~11：00时间段使用共享新能源汽车，33.33%的被试者一般是在7：00~9：00时间段使用共享新能源汽车，19.44%的被试者一般是在20：00~24：00时间段使用共享新能源汽车，仅有2.78%的被试者在24：00~7：00时间段使用共享新能源汽车（见图7-9）。在工作日，被试者使用共享新能源汽车一般是去往休闲娱乐场所（如餐饮、购物、景区等）、工作单位和转乘（如火车、高铁站、机场、地铁等）。非工作日时，57.89%的被试者一般是在17：00~20：00时间段使用共享新能源汽车，47.37%的被试者一般是在9：00~11：00时间段使用共享新能源汽车，43.86%的被试者一般是在14：00~17：00时间段使用共享新能源汽车，35.09%的被试者一般是在11：00~14：00时间段使用共享新能源汽车，22.81%的被试者一般是在20：00~24：00时间段使用共享新能源汽车，15.79%的被试者一般是在7：00~9：00时间段使用共享新能源汽车，仅有3.51%的被试者在24：00~7：00时间段使用共享新能源汽车。在非工作日，被试者使用共享新能源汽车一般是去往休闲娱乐场所（如餐饮、购物、景区等）、转乘（如火车、高铁站、机场、地铁等）和工作单位（见图7-10）。

对比研究发现，共享新能源汽车的使用人群中在工作日与非工作日的出行时间段与出行地点上存在着差异，在工作日，被试者去往休闲娱乐场所、工作单位与转乘的平均综合得分分别为3.47分、3.33分和3.33分，而在非工作日，被试者去往休闲娱乐场所、工作单位和转乘的平均综合得分分别为5.28分、3.91分和2.37分，即在非工作日，人们使用共享新能源汽车去往休闲娱乐场所的概率较工作日大大提升；在非工作日，人们在7：00~9：00出行的概率明显降低，而其他时间段出行的概率明显提升，即在非工作日，人们使用共享新能源汽车出行的时间较工作日略有后延。

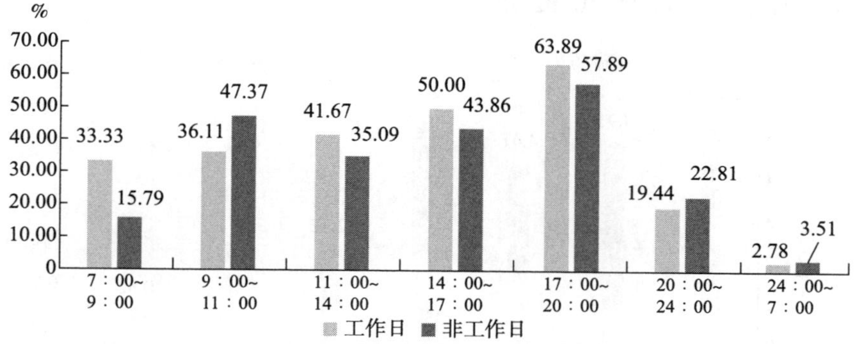

图 7-9　共享汽车出行时间统计

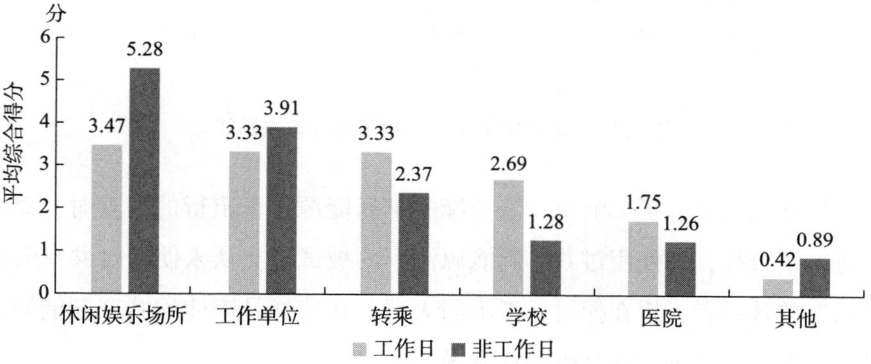

图 7-10　共享汽车出行地点统计

（3）选择共享新能源汽车的影响因素

基于使用过共享新能源汽车的用户，团队成员发现其选择共享新能源汽车出行的主要原因是公共交通不便利、经济性和方便使用/便利性，除此之外还包括所到目的地停车难、所在地区打车难、环保性以及其他。

在所有调查人群中，约 82.53%的被试者从未使用过共享新能源汽车，在对从未使用过共享新能源汽车的用户进行原因调查时，发现共享新能源汽车数量太少、不如打车方便、出发地或目的地没有网点、不如乘坐公共交通工具方便等是主要原因，平均综合得分分别为 5.52 分、5.40 分、4.91 分、4.41 分（见图 7-11）。押金或出行价格太高、开车技术问题、没有驾照是被试者从未使用过共享新能源汽车的次要原因，平均综合得分分别为 2.32 分、1.71 分、0.82 分。

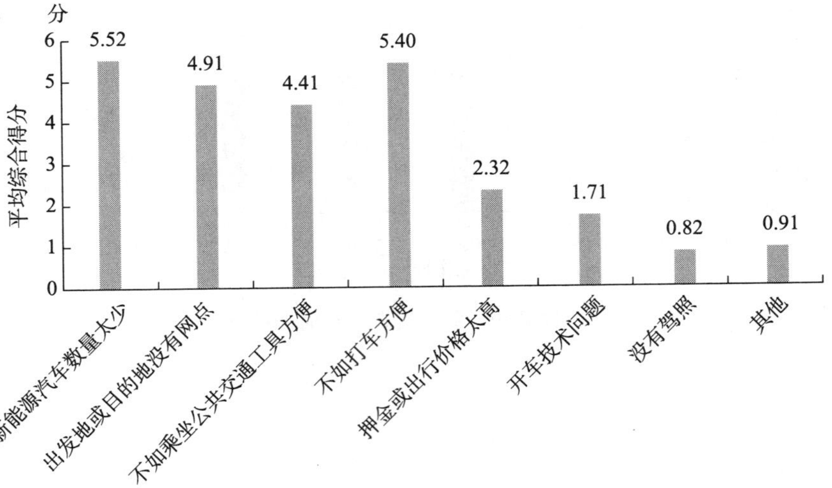

图 7-11　未曾使用过共享新能源汽车原因统计

团队成员在分析影响被试者选择共享新能源汽车出行的因素时，对人群进行了分类，即使用过共享新能源汽车的被试者与从未使用过共享新能源汽车的被试者，旨在探讨对于不同人群，在选择是否使用共享新能源汽车出行时，所考虑因素是否存在差异。

在使用过共享新能源汽车出行的被试者中，租还便利性是用户的首要考虑因素（4.22），其次是出行成本（3.91）、出行舒适度（3.78）、出行紧迫性（3.70）、天气（3.70）、出行规模（3.64）、使用风险（3.62）、疫情（3.61）、出行私密性（3.59），最后考虑的因素是低碳环保（3.07）（见图 7-12）。

在从未使用过共享新能源汽车出行的被试者中，租还便利性仍是其首要考虑因素（4.06），但与使用过共享新能源汽车出行的人群不同，使用风险（4.04）是从未使用过共享新能源汽车出行人群的第二大考虑因素，与租还便利性几乎处于同等位置。其次是疫情（3.85）、出行紧迫性（3.82）、出行成本（3.79）、出行舒适度（3.63）、出行私密性（3.58）、天气（3.55）、出行规模（3.53），低碳环保（3.23）仍是被试者最后考虑的因素。

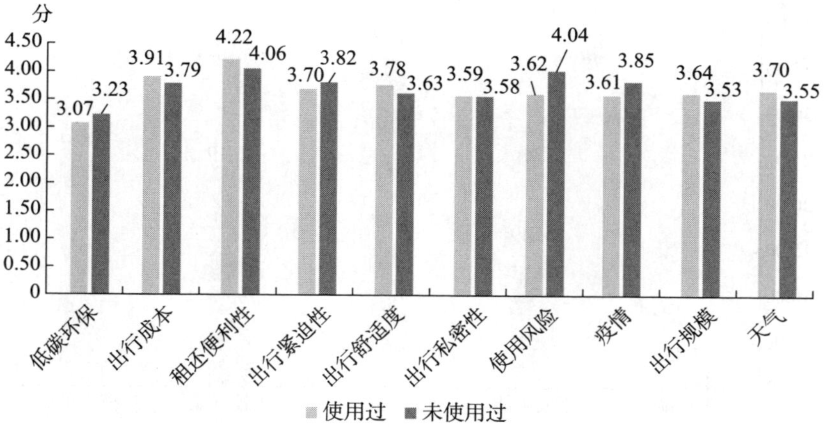

图 7-12　使用共享汽车出行考虑因素

综上，无论是使用过还是未使用过共享新能源汽车的被试者，在选择共享新能源汽车出行时的首要考虑因素都是租还便利性，最后考虑的因素均是低碳环保，两者之间最大的差异是从未使用过共享新能源汽车的被试者对使用共享新能源汽车出行的风险感知更为强烈。除上述考虑因素外，还有部分被试者会考虑到 App 的易用性、申请流程的复杂性、押金、车型、旅行时更倾向于在城市内共享新能源汽车自驾游来体验城市风光、油价、安全性、车况、卫生条件、座位数量等因素。

（4）未来使用行为

在被调查者被询问以上这些选择共享新能源汽车需要考虑的因素后，对未来使用共享新能源汽车的可能性与使用频率进行评估。由数据可知，共享经历对未来使用共享新能源汽车出行的意愿有较大影响：如图 7-13 所示，对于有过使用共享新能源汽车经历的被试者而言，大多数人认为自己未来使用共享新能源汽车的可能性较高；如图 7-14 所示，对于无共享新能源汽车使用经历的被试者而言，认为自己未来有较高可能使用共享新能源汽车的被试者占比较小。这一结果表明，大多数共享新能源汽车的用户对其使用经历较为满意，对于未来使用情况持有乐观态度。由图 7-15、图 7-16可知，使用经历对被试者评估个人未来使用共享新能源汽车的频率也有着较大的影响：相对于无使用经历的被试者而言，有过使用经历的被试者其未来可能的使用频率更高。

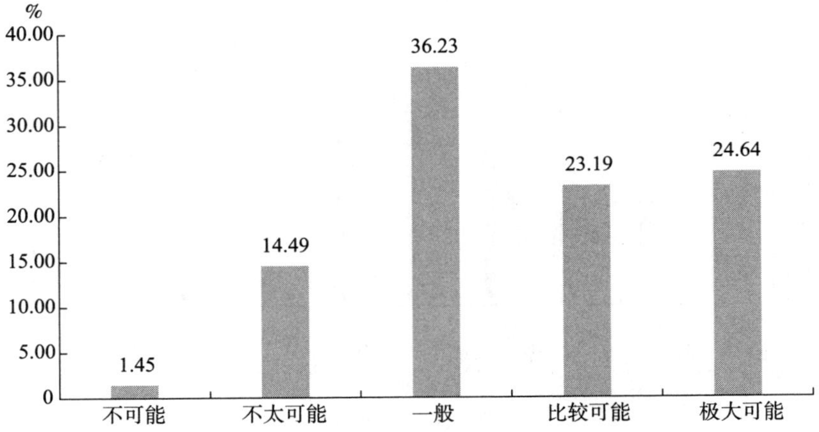

图 7-13　有使用经历的被试者未来使用共享汽车的可能性统计

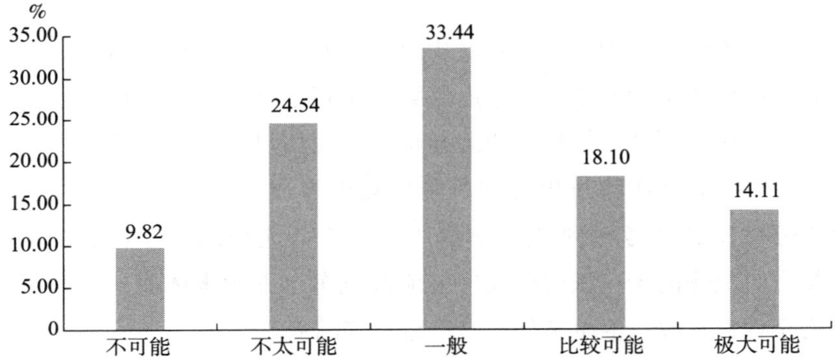

图 7-14　无使用经历的被试者未来使用共享汽车的可能性统计

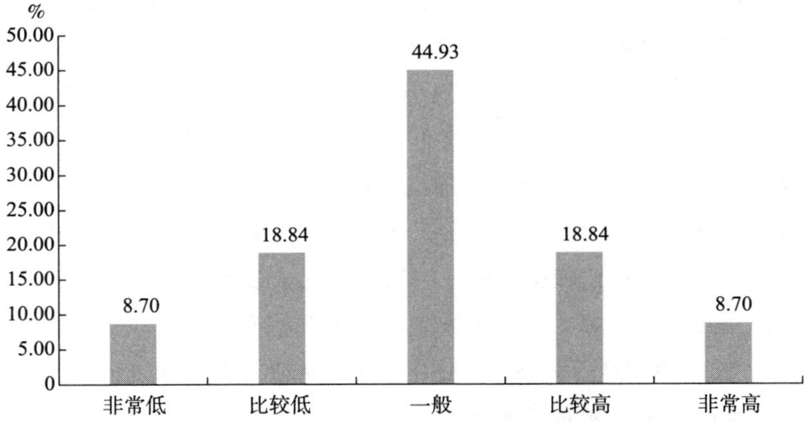

图 7-15　有使用经历的被试者未来意愿使用频率统计

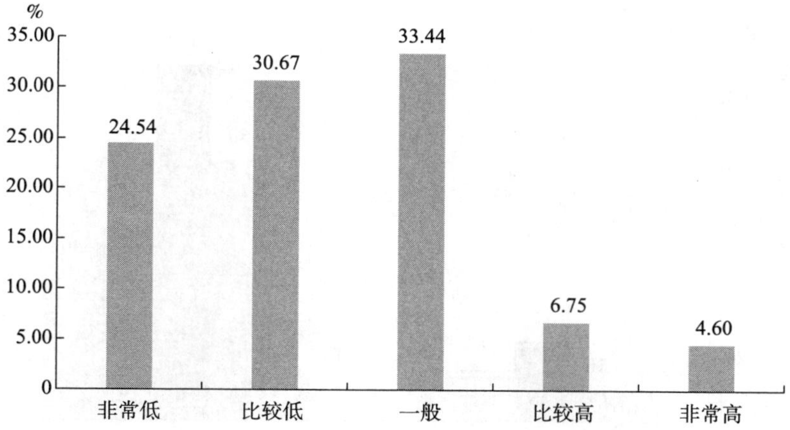

图 7-16 无使用经历的被试者未来意愿使用频率统计

7.3.3 数据处理与分析

7.3.3.1 总体数据分析

为了对基本分析中的统计数据进行更深入的探讨，采用交叉分析与相关性分析的方法探讨各变量之间的关系。

（1）共享新能源汽车使用经历对未来使用可能性、使用频率的影响

本研究对被试者共享新能源汽车使用经历与其未来使用共享新能源汽车出行可能性进行了交叉分析（见表 7-4、图 7-17），发现两者之间显著相关，皮尔逊相关性系数为-0.171，显著性 p 值为 0.001。由此可知，有过共享新能源汽车出行经历的被试者未来使用共享新能源汽车出行的意愿更高，进一步比较均值发现，有过共享新能源汽车出行经历的被试者未来使用共享新能源汽车出行的意愿为 3.55，而未曾有过共享新能源汽车出行经历的被试者未来使用共享新能源汽车出行的意愿为 3.02。

表 7-4 未来使用共享新能源汽车出行可能性与使用经历交叉表

		未来使用共享新能源汽车出行可能性					总计
		不可能	不太可能	一般	比较可能	极大可能	
是否使用过共享新能源汽车出行	是	1	10	25	16	17	69
	否	32	80	109	59	46	326
总计		33	90	134	75	63	395

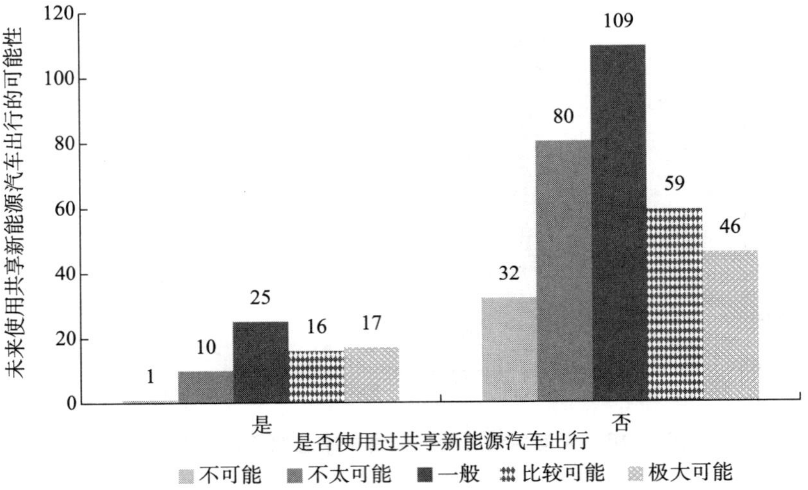

图 7-17　未来使用共享新能源汽车出行可能性与使用经历交叉统计条形图

本研究同样对被试者共享新能源汽车使用经历与其未来使用共享新能源汽车出行频率进行了交叉分析（见表 7-5、图 7-18），发现两者之间相关性更强，皮尔逊相关性系数为-0.233，显著性 p 值为 0.000。由此可知，有过共享新能源汽车出行经历的被试者未来使用共享新能源汽车出行的频率也更高，进一步比较均值发现，有过共享新能源汽车出行经历的被试者未来使用共享新能源汽车的出行频率为 3.00，而未曾有过共享新能源汽车出行经历的被试者未来使用共享新能源汽车的出行频率为 2.36。

表 7-5　未来使用共享新能源汽车的出行频率与使用经历交叉表

		未来使用共享新能源汽车的出行频率					总计
		非常低	比较低	一般	比较高	非常高	
是否使用过共享新能源汽车出行	是	6	13	31	13	6	69
	否	80	100	109	22	15	326
总计		86	113	140	35	21	395

（2）共享新能源汽车出行经历与用户使用共享新能源汽车出行时的各考虑因素的相关性分析

由相关性分析结果可知，共享新能源汽车出行经历会影响用户使用共

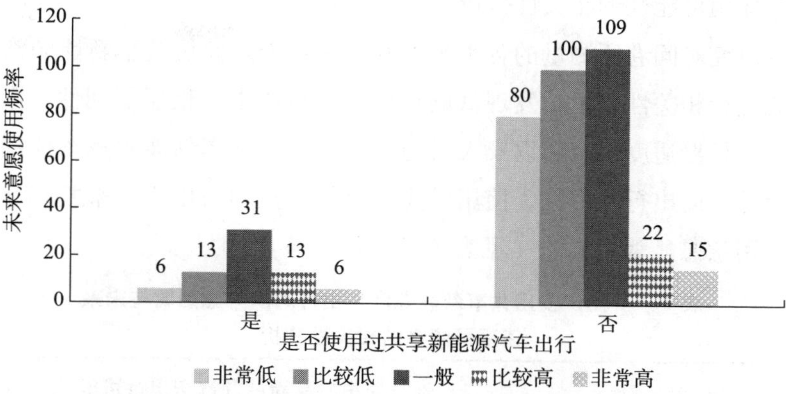

图 7-18 未来使用共享新能源汽车的出行频率与使用经历交叉统计条形图

享新能源汽车出行时的考虑因素（见表 7-6）。共享新能源汽车出行经历与使用风险显著正相关，即没有共享新能源汽车出行经历的用户在未来考虑是否使用共享新能源汽车出行时会更大程度上考虑使用风险。

表 7-6 共享新能源汽车出行经历与用户考虑因素相关性分析

影响因素	共享新能源汽车使用经历	
	皮尔逊相关性	Sig.
低碳环保	0. 042	0. 405
出行成本	-0. 035	0. 483
租还便利性	-0. 044	0. 379
出行紧迫性	0. 035	0. 485
出行舒适度	-0. 044	0. 386
出行私密性	-0. 005	0. 922
使用风险	0. 125	0. 013**
疫情	0. 068	0. 180
出行规模	-0. 031	0. 539
天气	-0. 043	0. 398

注：**代表在 0. 01 级别（双尾），相关性显著。

（3）用户使用共享新能源汽车出行时的各考虑因素与其未来共享新能

源汽车使用可能性的相关性分析

本研究对问卷所测量的各影响因素与用户未来使用共享新能源汽车出行意愿进行相关性分析，发现低碳环保、出行成本、租还便利性、出行紧迫性、出行舒适度、疫情以及天气均与用户未来共享新能源汽车使用意愿显著相关，而出行私密性、使用风险、出行规模均与用户未来共享新能源汽车使用意愿显著不相关（见表 7-7）。

表 7-7　用户使用共享新能源汽车出行时的考虑因素与未来使用可能性的相关性分析

影响因素	未来使用共享新能源汽车出行可能性	
	皮尔逊相关性	Sig.
低碳环保	0.248	0.000***
出行成本	0.223	0.000***
租还便利性	0.189	0.000***
出行紧迫性	0.150	0.003***
出行舒适度	0.176	0.000***
出行私密性	0.072	0.151
使用风险	0.022	0.669
疫情	0.119	0.018**
出行规模	0.078	0.122
天气	0.125	0.013**

注：**代表在 0.01 级别（双尾），相关性显著；***代表在 0.001 级别（双尾），相关性显著。

7.3.3.2　分组数据分析

为了对基本分析中的统计数据进行更深入的探讨，采用交叉分析、相关性分析与线性回归的方法探讨各变量之间的关系。但为了避免过往共享新能源汽车的使用经历对被试者的影响，按照有无使用经历将被试者分为两组——无共享新能源汽车出行经历的被试者与有共享新能源汽车出行经历的被试者。

1. 无共享新能源汽车出行经历的被试者的数据情况

(1) 各变量之间的相关性分析

由表 7-8 可知，在对未使用过共享新能源汽车出行者的调查中，其未来使用共享新能源汽车的可能性与低碳环保、出行成本、租还便利性、出行紧迫性、出行舒适度、疫情显著正相关，与出行私密性、使用风险、天气、出行规模相关性不显著；其未来使用共享新能源汽车出行的频率与低碳环保、出行成本、租还便利性、出行紧迫性、出行舒适度、疫情、天气存在显著的相关性，且相关性都为正，而与出行私密性、使用风险、出行规模无显著相关关系。此外，其未来使用可能性与未来使用频率呈现显著的正相关关系。

表 7-8 无共享新能源汽车出行经历的被试者各变量之间的相关性分析

	低碳环保	出行成本	租还便利性	出行紧迫性	出行舒适度	出行私密性	使用风险	疫情	出行规模	天气	未来使用可能性	未来使用频率
低碳环保	1	0.510**	0.383**	0.287**	0.413**	0.356**	0.325**	0.410**	0.378**	0.429**	0.322**	0.336**
出行成本	0.510**	1	0.694**	0.488**	0.508**	0.447**	0.586**	0.471**	0.447**	0.429**	0.217**	0.242**
租还便利性	0.383**	0.694**	1	0.595**	0.530**	0.501**	0.687**	0.521**	0.496**	0.455**	0.182**	0.156**
出行紧迫性	0.287**	0.488**	0.595**	1	0.443**	0.413**	0.526**	0.466**	0.376**	0.444**	0.148**	0.110*
出行舒适度	0.413**	0.508**	0.530**	0.443**	1	0.739**	0.624**	0.634**	0.566**	0.464**	0.157**	0.161**
出行私密性	0.356**	0.447**	0.501**	0.413**	0.739**	1	0.585**	0.637**	0.606**	0.451**	0.084	0.057
使用风险	0.325**	0.586**	0.687**	0.526**	0.624**	0.585**	1	0.700**	0.569**	0.522**	0.042	0.071
疫情	0.410**	0.471**	0.521**	0.466**	0.634**	0.637**	0.700**	1	0.596**	0.542**	0.147**	0.169**
出行规模	0.378**	0.447**	0.496**	0.376**	0.566**	0.606**	0.569**	0.596**	1	0.670**	0.06	0.089
天气	0.429**	0.429**	0.455**	0.444**	0.464**	0.451**	0.522**	0.542**	0.670**	1	0.104	0.163**
未来使用可能性	0.322**	0.217**	0.182**	0.148**	0.157**	0.084	0.042	0.147**	0.06	0.104	1	0.734**
未来使用频率	0.336**	0.242**	0.156**	0.110*	0.161**	0.057	0.071	0.169**	0.089	0.163**	0.734**	1

注：*代表在 0.05 级别（双尾），相关性显著；**代表在 0.01 级别（双尾），相关性显著。

(2) 未来使用可能性与家庭汽车拥有情况的交叉分析

由未来使用可能性与家庭汽车拥有情况的交叉表（见表 7-9）及条形

图（见图 7-19）可知，在被试者都无共享新能源汽车使用经历的前提下，对于家庭有车的被试者而言，33.20%的人评估未来使用共享新能源汽车的可能性为一般，没有明显的倾向性；其次是认为自己未来不太可能使用共享新能源汽车，占比为 24.30%。对于家庭无车的出行者而言，分布与前者类似，35.30%（占比最多）的被试者对未来使用可能性无明显倾向性；其次认为自己未来比较不可能使用，占比为 26.50%。总体而言，家里无车且有可能（比较可能与极大可能）使用共享新能源汽车的出行者占比低于家里有车且有可能（比较可能与极大可能）使用共享新能源汽车的出行者，前者占比为 29.40%，后者占比为 32.50%。这一结果表明，对于无共享新能源汽车出行经历的出行者而言，家庭是否有车并非决定其未来使用可能性的关键因素。

表 7-9　未来使用可能性与家庭汽车拥有情况交叉表

未来使用可能性		家庭汽车拥有情况	
		有	无
不可能	计数/人	29	3
	占家庭汽车拥有情况的百分比/%	9.90	8.80
不太可能	计数/人	71	9
	占家庭汽车拥有情况的百分比/%	24.30	26.50
一般	计数/人	97	12
	占家庭汽车拥有情况的百分比/%	33.20	35.30
比较可能	计数/人	52	7
	占家庭汽车拥有情况的百分比/%	17.80	20.60
极大可能	计数/人	43	3
	占家庭汽车拥有情况的百分比/%	14.70	8.80

（3）未来使用可能性与年龄的交叉分析

由未来使用可能性与年龄的交叉表（见表 7-10）及条形图（见图 7-20）可知，在被试者都无共享新能源汽车使用经历的前提下，年龄在 20

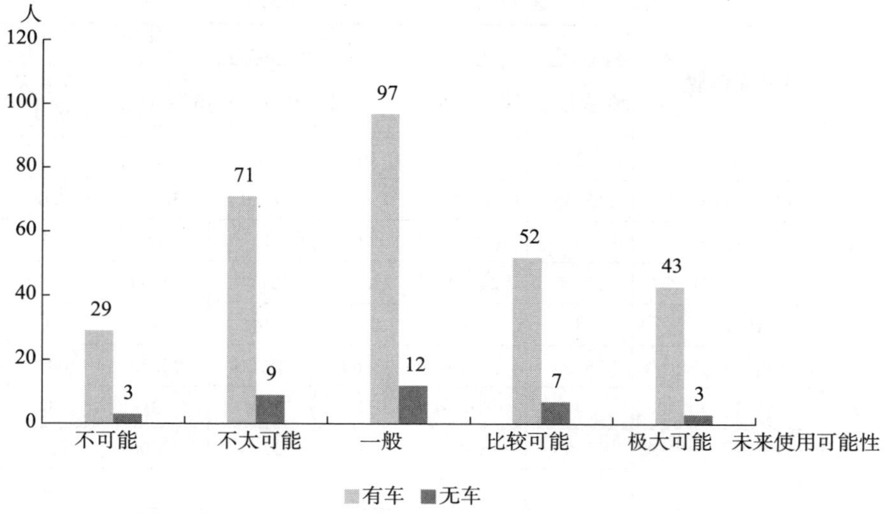

图 7-19 未来使用可能性与家庭汽车拥有情况交叉统计条形图

岁以下的出行者的未来使用可能性分布较均匀；对于 20~29 岁的出行者而言，34.00%的人对未来是否有可能使用共享新能源汽车无明显倾向性（一般），次占比最多的人倾向于不太可能使用，18.40%的人认为其比较可能使用，14.90%的人认为其极大可能使用；对于 30~39 岁的出行者而言，同样是大多数人（33.60%）无明显倾向性，其次是 23.90%的人认为未来不太可能使用，21.20%的人认为其比较可能使用，只有 12.40%的人持完全积极态度；对于 40~49 岁的出行者而言，持无倾向性态度与不太可能态度的占比相当，分别为 35.00%与 32.50%，比较可能使用与极大可能使用的占比分别为 5.00%与 20.00%；对于 50~59 岁的出行者而言，33.30%的人认为未来不可能使用共享新能源汽车出行，其次持无偏向性的态度，认为比较可能的占 20.00%。这一结果表明，在所有年龄段的人群中，20~39 岁的人群对于未来使用的可能性持积极态度，这可能与中青年人对于新兴事物的包容性有关，年龄较大的出行者中更大比例的人持消极态度，一方面可能与思想观念有关，另一方面他们对新的租赁模式不了解，学习并实践租用流程的困难也成为其尝试的阻碍。

表 7-10　未来使用可能性与年龄交叉表

未来使用可能性		年龄					
		20 岁以下	20~29 岁	30~39 岁	40~49 岁	50~59 岁	60 岁及以上
不可能	计数/人	2	12	10	3	5	0
	占年龄的百分比/%	12.50	8.50	8.80	7.50	33.30	0.00
不太可能	计数/人	4	34	27	13	2	0
	占年龄的百分比/%	25.00	24.10	23.90	32.50	13.30	0.00
一般	计数/人	4	48	38	14	4	1
	占年龄的百分比/%	25.00	34.00	33.60	35.00	26.70	100.00
比较可能	计数/人	4	26	24	2	3	0
	占年龄的百分比/%	25.00	18.40	21.20	5.00	20.00	0.00
极大可能	计数/人	2	21	14	8	1	0
	占年龄的百分比/%	12.50	14.90	12.40	20.00	6.70	0.00

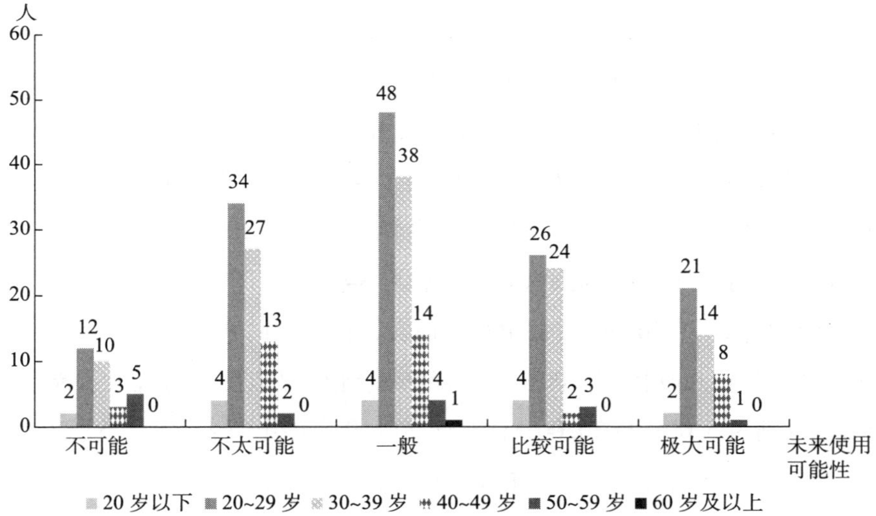

图 7-20　未来使用可能性与年龄交叉统计条形图

（4）未来使用可能性与性别的交叉分析

由未来使用可能性与性别的交叉表（见表 7-11）及条形图（见图 7-21）可知，在被试者都无共享新能源汽车使用经历的前提下，男性与女性在未来使用可能性的每个区段内占比都相当，但在不太可能与不可能的区段内，男性占比稍多于女性，在比较可能与极大可能的区段内，女性占比稍多于男性。

表 7-11 未来使用可能性与性别交叉表

未来使用可能性		性别	
		男	女
不可能	计数/人	15	17
	占性别的百分比/%	10.70	9.10
不太可能	计数/人	36	44
	占性别的百分比/%	25.70	23.70
一般	计数/人	45	64
	占性别的百分比/%	32.10	34.40
比较可能	计数/人	25	34
	占性别的百分比/%	17.90	18.30
极大可能	计数/人	19	27
	占性别的百分比/%	13.60	14.50

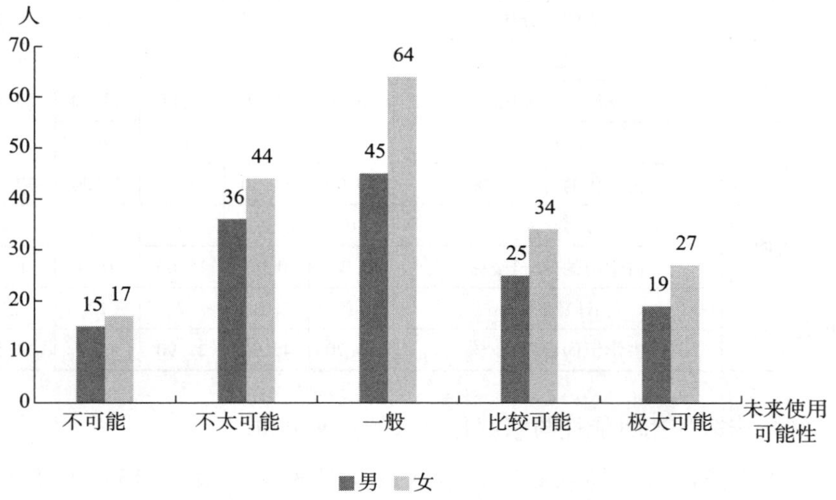

图 7-21 未来使用可能性与性别交叉统计条形图

（5）未来使用可能性与学历的交叉分析

由未来使用可能性与学历的交叉表（见表 7-12）及条形图（见图 7-22）可知，在被试者都无共享新能源汽车使用经历的前提下，学历为专科的被试者中，大多数人持有无倾向性态度与不太可能的消极态度，持极大可能态度的占 21. 90%，持比较可能态度的占 15. 60%；而在本科学历的出行者中，有 35. 20%的人持中立态度，34. 50%的出行者持消极态度（不可能与不太可能），30. 30%的人持积极态度（比较可能与极大可能）；对于研究生及以上学历的出行者而言，有 32. 70% 的人持中立态度，34. 60%的出行者持消极态度（不可能与不太可能），32. 70%的人持积极态度（比较可能与极大可能），由于初中及以下学历、高中/职高学历的被试者样本较少，此处不予分析。这一结果表明，对于没有共享新能源汽车出行经历的被试者而言，学历在其对未来使用可能性上并未起到明显的影响。

表 7-12　未来使用可能性与学历交叉表

未来使用可能性		学历				
		初中及以下	高中/职高	专科	本科	研究生及以上
不可能	计数/人	1	1	2	14	14
	占学历的百分比/%	16. 70	14. 30	6. 30	11. 50	8. 80
不太可能	计数/人	1	2	8	28	41
	占学历的百分比/%	16. 70	28. 60	25. 00	23. 00	25. 80
一般	计数/人	3	1	10	43	52
	占学历的百分比/%	50. 00	14. 30	31. 30	35. 20	32. 70
比较可能	计数/人	0	0	5	25	29
	占学历的百分比/%	0. 00	0. 00	15. 60	20. 50	18. 20
极大可能	计数/人	1	3	7	12	23
	占学历的百分比/%	16. 70	42. 90	21. 90	9. 80	14. 50

（6）未来使用可能性与家庭月收入的交叉分析

由未来使用可能性与家庭月收入的交叉表（见表 7-13）及条形图（见图 7-23）可知，在被试者都无共享新能源汽车使用经历的前提下，家庭月收入在 1 万元以下的被试者，37. 30%的人持中立态度，28. 90%的人持消极态度（不可能与不太可能），33. 80%的人持积极态度（比较可能与极大可能）；同理，在家庭月收入为 1 万~3 万元的被试者中，31. 30%的人持中立态度，35. 80%的人持消极态度，33. 00%的人持积极态度；在家庭

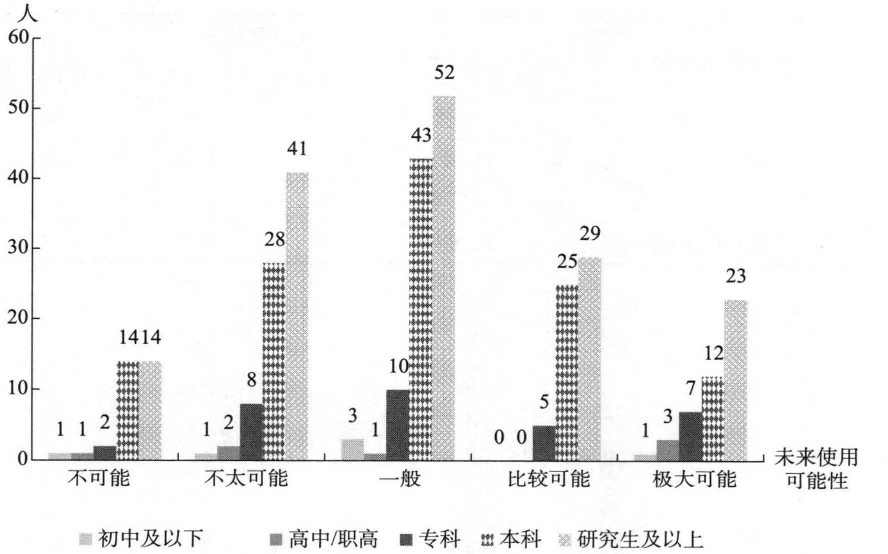

图 7-22　未来使用可能性与学历交叉统计条形图

月收入为 3 万~5 万元的被试者中，36.80%的人持中立态度，39.40%的人持消极态度，23.70%的人持积极态度；在家庭月收入 5 万元以上的被试者中，31.00%的人持中立态度，34.50%的人持消极态度，34.50%的人持积极态度。总体而言，家庭月收入高于 1 万元的被试者中，持消极态度的占比都超过 30.00%，家庭月收入在 3 万~5 万元的被试者中，对未来使用共享新能源汽车出行的被试者占比最少，仅有 23.70%。

表 7-13　未来使用可能性与家庭月收入交叉表

未来使用可能性		家庭月收入			
		1 万元以下	1 万~3 万元	3 万~5 万元	5 万元以上
不可能	计数/人	3	21	4	4
	占家庭月收入的百分比/%	3.60	11.90	10.50	13.80
不太可能	计数/人	21	42	11	6
	占家庭月收入的百分比/%	25.30	23.90	28.90	20.70
一般	计数/人	31	55	14	9
	占家庭月收入的百分比/%	37.30	31.30	36.80	31.00

续表

未来使用可能性		家庭月收入			
		1 万元以下	1 万~3 万元	3 万~5 万元	5 万元以上
比较可能	计数/人	11	39	5	4
	占家庭月收入的百分比/%	13.30	22.20	13.20	13.80
极大可能	计数/人	17	19	4	6
	占家庭月收入的百分比/%	20.50	10.80	10.50	20.70

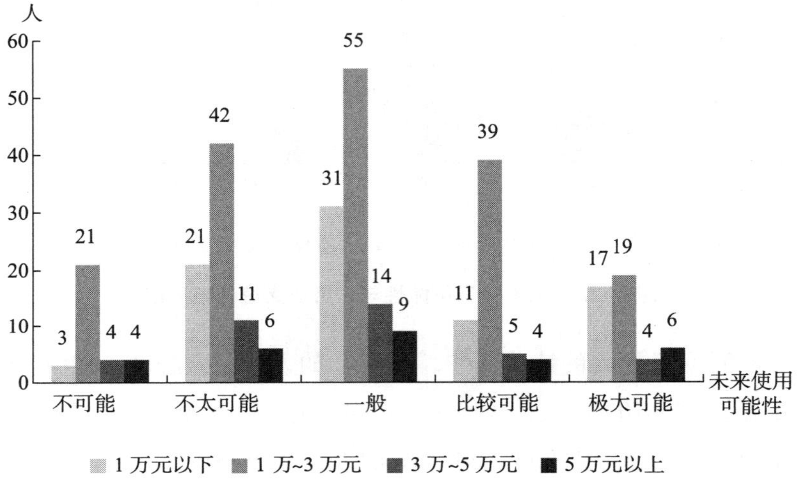

图 7-23　未来使用可能性与家庭月收入交叉统计条形图

（7）未来使用频率与家庭汽车拥有情况的交叉分析

由未来使用频率与家庭汽车拥有情况的交叉表（见表 7-14）及条形图（见图 7-24）可知，在被试者都无共享新能源汽车使用经历的前提下，家庭有车的被试者中，31.85%的人倾向于一般的使用频率，30.48%的人倾向于比较低的使用频率，25.68%的人倾向于非常低的使用频率，认为未来对于共享新能源汽车有较高甚至很高使用频率的出行者仅占 11.99%；对于家庭无车的被试者而言，近乎一半（47.06%）的被试者倾向于一般的使用频率，低使用频率（非常低与比较低）的用户占 47.06%，仅有 5.88%的用户可能有比较高的使用频率。总体而言，家庭有车的被试者比家庭无车的被试者更倾向于低频率使用，而家庭无车的大多数出行者对未来使用频率的评估并不乐观，甚至低于家庭有车的被试者。这一情况的出现可能与出行习惯及观念有关：家庭有车的出行者在同样自驾的条件下更愿意使用自家车出行，共享新能源汽车只是一个替补性的工具；而对于家庭无车且从未使用过共享新能源汽车的用户而言，日常出行方式已成为其习惯性的选择，而采用共享新能源汽车出行的方式并未在其头脑中形成一个习惯性方案，因此评估频率不高。这一现状的改变可由政府与企业合作引导宣传，让共享新能源汽车出行的概念像地铁、公交车出行一样成为大众概念，才可能会增加用户的使用频率。

表 7-14 未来使用频率与家庭汽车拥有情况交叉表

未来使用频率		家庭汽车拥有情况	
		有	无
非常低	计数/人	75	5
	占家庭汽车拥有情况的百分比/%	25.68	14.71
比较低	计数/人	89	11
	占家庭汽车拥有情况的百分比/%	30.48	32.35
一般	计数/人	93	16
	占家庭汽车拥有情况的百分比/%	31.85	47.06
比较高	计数/人	20	2
	占家庭汽车拥有情况的百分比/%	6.85	5.88
非常高	计数/人	15	0
	占家庭汽车拥有情况的百分比/%	5.14	0.00

（8）未来使用频率与年龄的交叉分析

由未来使用频率与年龄的交叉表（见表 7-15）及条形图（见图 7-25）可知，在被试者都无共享新能源汽车使用经历的前提下，20 岁以下的被试者对其未来使用频率评估中，43.75%的人认为未来使用频率较低，只有 25.00%的人认为比较高，这一结果可能与 20 岁以下的用户对于自驾汽车的接触与了解不充分有关；对于 20～29 岁的被试者而言，51.78%的人认为其未来使用共享新能源汽车的频率低（非常低与比较低），36.88%的人认为是一般频率，11.34%的人认为未来使用频率高（比较高与非常高）；对于 30～39 岁的被试者而言，9.73%的人有明确的高频率使用意向（比较高与非常高），56.64%的被试者持有明确的低频率使用

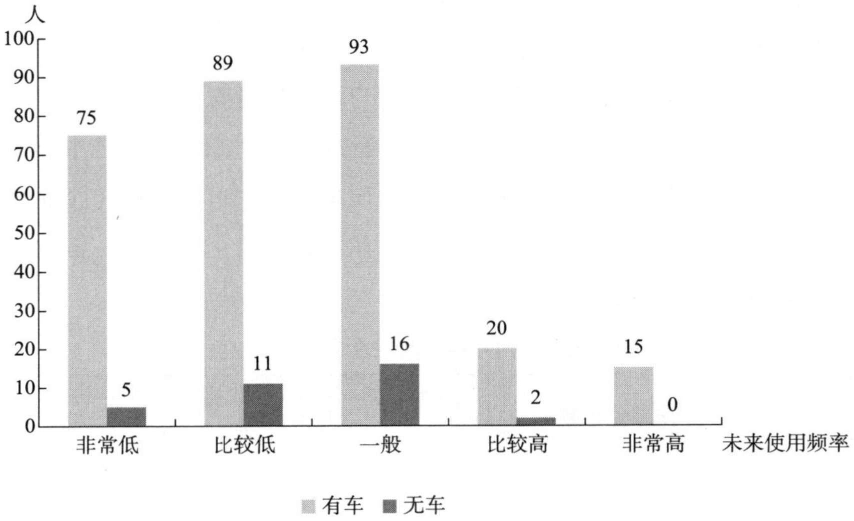

图 7-24　未来使用频率与家庭汽车拥有情况交叉统计条形图

意向（非常低与比较低）；40~49 岁的被试者中，57. 50%的人未来使用频率偏低（非常低与比较低），仅有 10. 00%的人预估未来将会有高使用频率；50~59 岁的被调查者中，高达 66. 66%的被试者认定其未来使用频率为低频率（非常低与比较低）。由这些数据可知，年龄越高的出行者，预测其未来对共享新能源汽车的使用频率越低，因为年老者出行需求相对减少，出行范围也可能相应缩小，外加部分老年人对于学习新兴事物抱有抵触情绪，因此出现这种现象。

表 7-15　未来使用频率与年龄交叉表

未来使用频率		年龄					
		20 岁以下	20~29 岁	30~39 岁	40~49 岁	50~59 岁	60 岁及以上
非常低	计数/人	2	29	31	10	8	0
	占年龄的百分比/%	12. 50	20. 57	27. 44	25. 00	53. 33	0. 00
比较低	计数/人	7	44	33	13	2	1
	占年龄的百分比/%	43. 75	31. 21	29. 20	32. 50	13. 33	100. 00
一般	计数/人	3	52	38	13	3	0
	占年龄的百分比/%	18. 75	36. 88	33. 63	32. 50	20. 00	0. 00

续表

未来使用频率		年龄					
		20 岁以下	20~29 岁	30~39 岁	40~49 岁	50~59 岁	60 岁及以上
比较高	计数/人	4	8	7	1	2	0
	占年龄的百分比/%	25.00	5.67	6.19	2.50	13.34	0.00
非常高	计数/人	0	8	4	3	0	0
	占年龄的百分比/%	0.00	5.67	3.54	7.50	0.00	0.00

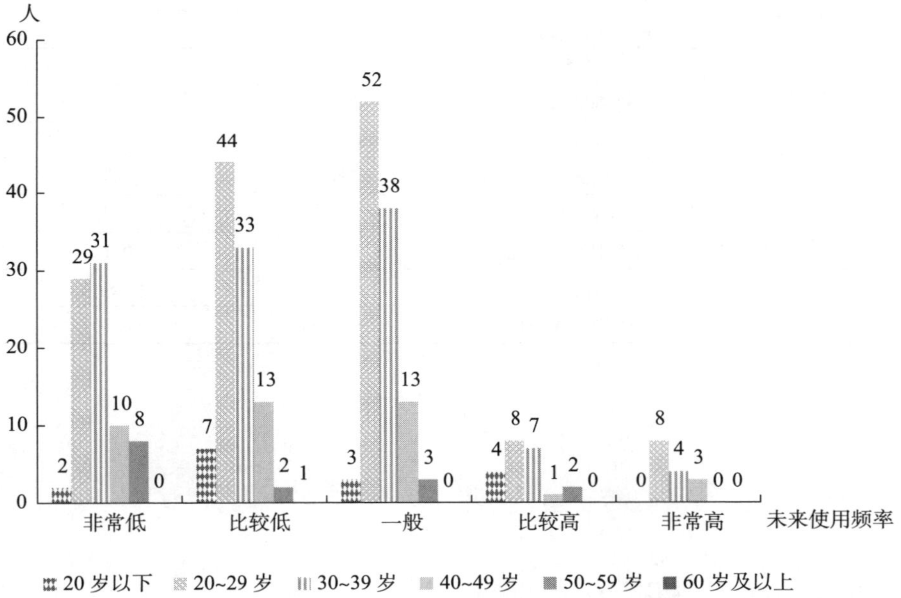

图 7-25 未来使用频率与年龄交叉统计条形图

（9）未来使用频率与性别的交叉分析

由未来使用频率与性别的交叉表（见表 7-16）及条形图（见图 7-26）可知，在被试者都无共享新能源汽车使用经历的前提下，28.57%的男性被试者认为其未来使用频率将会非常低，30.00%的人认为比较低，5.00%的人认为将会非常高，3.57%的人认为会比较高，即 58.57%的男性被试者预测其未来对共享新能源汽车的使用频率较低（非常低与比较低），8.57%的人认为其会有较高的使用频率（比较高与非常高）；女性被试者中，52.69%的人预测其未来对共享新能源汽车的使用频率较低（非常低与比较低），13.44%的人评估其未来处于高频率使用状态。总体而言，性别并未在被试者预测其未来对共享新能源汽车的使用频率中起到明显的影响作用，但在高频率使用预测中，女性数量占比多于男性。

表 7-16　未来使用频率与性别交叉表

未来使用频率		性别	
		男	女
非常低	计数/人	40	40
	占性别的百分比/%	28.57	21.51
比较低	计数/人	42	58
	占性别的百分比/%	30.00	31.18
一般	计数/人	46	63
	占性别的百分比/%	32.86	33.87
比较高	计数/人	5	17
	占性别的百分比/%	3.57	9.14
非常高	计数/人	7	8
	占性别的百分比/%	5.00	4.30

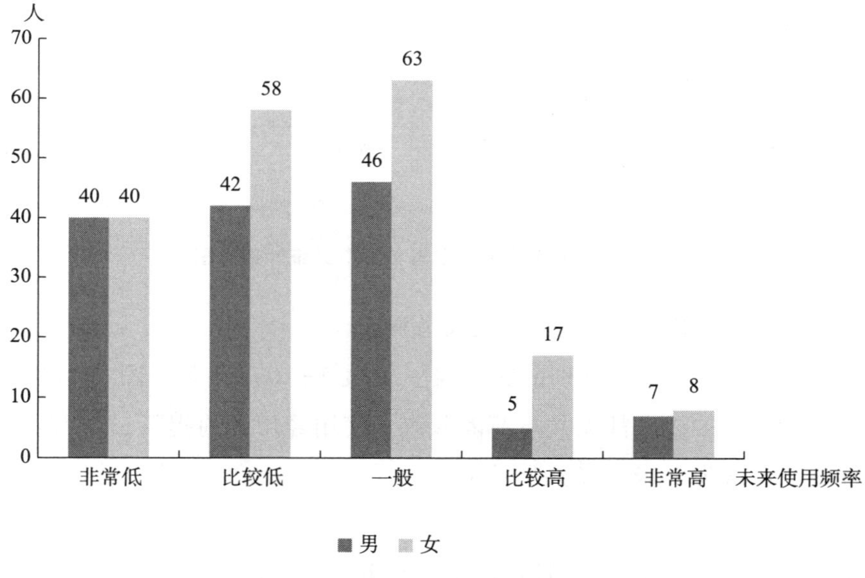

图 7-26　未来使用频率与性别交叉统计条形图

（10）未来使用频率与学历的交叉分析

由未来使用频率与学历的交叉表（见表 7-17）及条形图（见图 7-27）可知，在被试者都无共享新能源汽车使用经历的前提下，随着学历的增高，预测高使用频率的被试者占比在下降（由于初中及以下学历、高中/职高学历的人数较少，此处不予分析），专科为 15.63%，本科为 10.66%，研究生及以上为 10.70%；预测低使用频率的被试者占比在上升，专科为 40.62%，本科为 55.73%，研究生及以上为 55.97%。

表 7-17 未来使用频率与学历交叉表

未来使用频率		学历				
		初中及以下	高中/职高	专科	本科	研究生及以上
非常低	计数/人	2	2	5	36	35
	占学历的百分比/%	33.33	28.57	15.62	29.50	22.01
比较低	计数/人	3	3	8	32	54
	占学历的百分比/%	50.00	42.85	25.00	26.23	33.96
一般	计数/人	0	1	14	41	53
	占学历的百分比/%	0.00	14.29	43.75	33.61	33.33
比较高	计数/人	0	0	3	11	8
	占学历的百分比/%	0.00	0.00	9.38	9.02	5.03
非常高	计数/人	1	1	2	2	9
	占学历的百分比/%	16.67	14.29	6.25	1.64	5.67

（11）未来使用频率与家庭月收入的交叉分析

由未来使用频率与家庭月收入的交叉表（见表 7-18）及条形图（见图 7-28）可知，在被试者都无共享新能源汽车使用经历的前提下，家庭月收入为 1 万元以下的被试者中，45.78%的人预测其未来使用频率低（非常低与比较低），15.67%的人预测其未来使用频率高（比较高与非常高）；家庭月收入为 1 万~3 万元的被调查者中有 59.09%的人预测其未来对共享新能源汽车持有低使用频率，10.23%的人预测其未来对共享新能源汽车持有高使用频率；家庭月收入为 3 万~5 万元的被试者中，55.26%的人预测其未来对共享新能源汽车持有低使用频率，2.63%的人预测其未来对共享

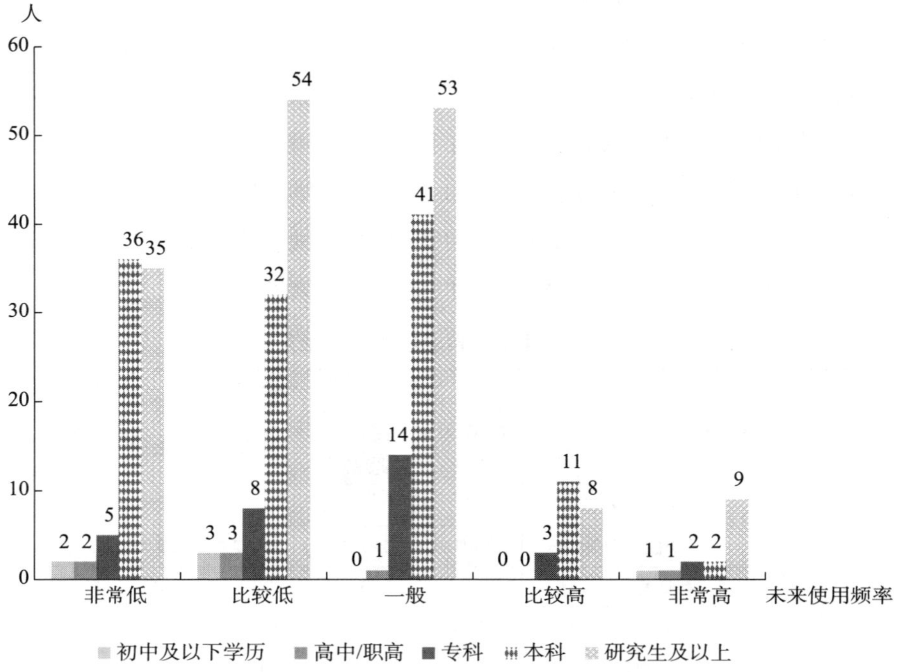

图 7-27　未来使用频率与学历交叉统计条形图

新能源汽车持有高使用频率；家庭月收入为 5 万元以上的被试者中，58.62%的人预测其未来对共享新能源汽车持有低使用频率，17.24%的人预测其未来对共享新能源汽车持有高使用频率。由以上分析可知，家庭月收入为 3 万~5 万元的被试者中，绝大多数偏向未来低使用频率，人数占比远低于其他家庭月收入区间的被试者。

表 7-18　未来使用频率与家庭月收入交叉表

未来使用频率		家庭月收入			
		1 万元以下	1 万~3 万元	3 万~5 万元	5 万元以上
非常低	计数/人	10	51	12	7
	占家庭月收入的百分比/%	12.05	28.98	31.58	24.14
比较低	计数/人	28	53	9	10
	占家庭月收入的百分比/%	33.73	30.11	23.68	34.48
一般	计数/人	32	54	16	7
	占家庭月收入的百分比/%	38.55	30.68	42.11	24.14

续表

未来使用频率		家庭月收入			
		1 万元以下	1 万~3 万元	3 万~5 万元	5 万元以上
比较高	计数/人	7	12	1	2
	占家庭月收入的百分比/%	8.43	6.82	2.63	6.90
非常高	计数/人	6	6	0	3
	占家庭月收入的百分比/%	7.24	3.41	0.00	10.34

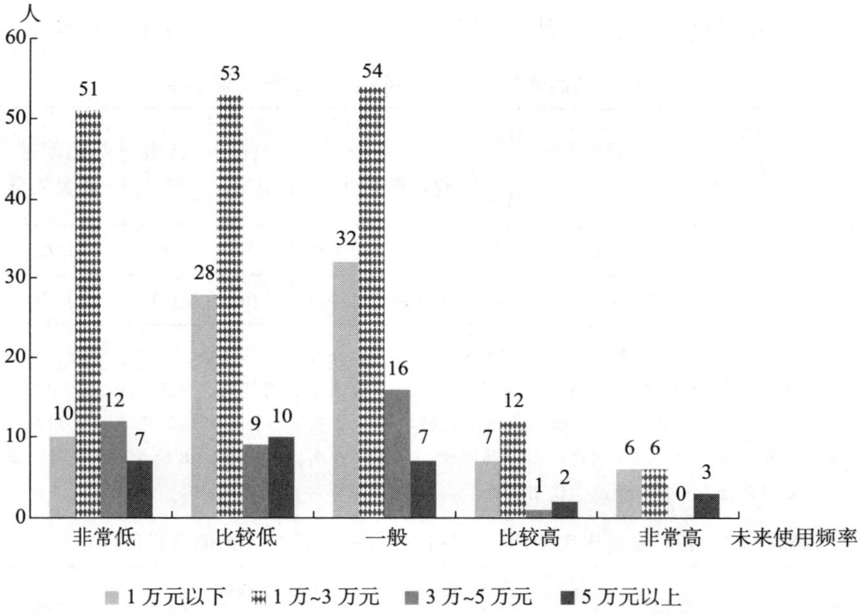

图 7-28　未来使用频率与家庭月收入交叉统计条形图

（12）各因素对未来使用可能性的回归模型

为了进一步探究影响未使用过共享新能源汽车的人群未来选择共享新能源汽车的关键因素，本研究以未来使用可能性作为因变量，将家庭月收入、家庭汽车拥有情况、性别、职业、学历、驾照持有情况、年龄等因素作为控制变量，将公共交通替代性、出行紧迫性、打车替代性、共享新能源汽车数量问题、低碳环保、出发地或目的地网点问题、出行私密性、天气、开车技术问题、出行成本、疫情、出行规模、租还便利性、出行舒适度、使用风险等作为自变量，进行多元 OLS 回归分析，由模型摘要可知，R^2 为 0.203，F 值为 4.790，回归模型显著性为 0.000（见表 7-19），各自变量的回归系数与显著性见表 7-20。由结果可知，对于未使用过共享新能源汽车的出行者而言，年龄、低碳环保、租还便利性、使用风险、疫情、打车替代性均显著影响被试者未来使用共享新能源汽车出行的意愿。根据结果可得到回归方程：

$$Y=3.352-0.126X_1+0.242X_2+0.15X_3-0.297X_4+0.152X_5-0.105X_6$$

其中，Y 为共享新能源汽车未来使用可能性，X_1 为年龄，X_2 为低碳环保，X_3 为租还便利性，X_4 为使用风险，X_5 为疫情，X_6 为打车替代性。

表 7-19　各因素对未来使用可能性的回归模型摘要

模型	R	R^2	调整后 R^2	标准估算的错误	R^2 变化量	F 变化量	自由度 1	自由度 2	显著性 F 变化量
1	0.120[a]	0.014	−0.007	1.182	0.014	0.661	7	318	0.705
2	0.451[b]	0.203	0.145	1.089	0.189	4.790	15	303	0.000

注：①a 预测变量：（常量）家庭月收入、家庭汽车拥有情况、性别、职业、学历、驾照持有情况、年龄。②b 预测变量：（常量）家庭月收入、家庭汽车拥有情况、性别、职业、学历、驾照持有情况、年龄、公共交通替代性、出行紧迫性、打车替代性、共享新能源汽车数量问题、低碳环保、出发地或目的地网点问题、出行私密性、天气、开车技术问题、出行成本、疫情、出行规模、租还便利性、出行舒适度、使用风险。

表 7-20　各因素对未来使用可能性的回归模型系数（无使用经历样本）

模型	变量	未标准化系数		标准化系数	t	显著性
		B	标准错误	Beta		
1	（常量）	3.877	0.637		6.089	0.000***
	驾照持有情况	−0.271	0.211	−0.078	−1.285	0.200
	家庭汽车拥有情况	−0.111	0.221	−0.029	−0.504	0.614
	年龄	−0.099	0.078	−0.079	−1.279	0.202
	性别	0.062	0.136	0.026	0.456	0.648
	学历	−0.028	0.078	−0.021	−0.361	0.718
	职业	0.002	0.014	0.010	0.159	0.874
	家庭月收入	−0.075	0.079	−0.054	−0.948	0.344

续表

模型	变量	未标准化系数		标准化系数	t	显著性
		B	标准错误	Beta		
2	（常量）	3.352	0.630		5.322	0.000***
	驾照持有情况	-0.26	0.203	-0.075	-1.278	0.202
	家庭汽车拥有情况	-0.153	0.209	-0.040	-0.734	0.464
	年龄	-0.126	0.075	-0.100	-1.668	0.096*
	性别	0.049	0.131	0.021	0.372	0.710
	学历	-0.063	0.078	-0.047	-0.805	0.422
	职业	0.008	0.013	0.035	0.592	0.554
	家庭月收入	-0.024	0.075	-0.017	-0.318	0.750
	低碳环保	0.242	0.053	0.297	4.600	0.000***
	出行成本	0.065	0.071	0.075	0.922	0.357
	租还便利性	0.150	0.075	0.174	1.989	0.048**
	出行紧迫性	0.034	0.059	0.040	0.58	0.562
	出行舒适度	0.091	0.076	0.102	1.197	0.232
	出行私密性	-0.086	0.073	-0.100	-1.176	0.240
	使用风险	-0.297	0.088	-0.313	-3.383	0.001***
	疫情	0.152	0.074	0.172	2.047	0.042**
	出行规模	-0.074	0.074	-0.083	-0.996	0.320
	天气	-0.041	0.067	-0.046	-0.611	0.542
	出发地或目的地网点问题	0.047	0.034	0.086	1.387	0.167
	共享新能源汽车数量问题	-0.012	0.037	-0.019	-0.327	0.744
	打车替代性	-0.105	0.036	-0.168	-2.928	0.004***
	公共交通替代性	0.028	0.029	0.055	0.953	0.342
	开车技术问题	0.008	0.038	0.013	0.202	0.840

注：*、**、***分别代表在10%、5%、1%的水平下显著。

2. 有共享新能源汽车出行经历的被试者数据分析

（1）各变量之间的相关性分析

由表7-21可知，在对使用过共享新能源汽车出行者的调查中，其未来使用共享新能源汽车的可能性与出行成本和出行舒适度显著正相关，与低碳环保、租还便利性、出行紧迫性、出行私密性、使用风险、疫情、天气、出行规模的相关性均不显著；其未来使用共享新能源汽车出行的频率仅与出行紧迫性存在显著的正相关性，而与低碳环保、出行成本、租还便利性、出行舒适度、出行私密性、使用风险、疫情、出行规模、天气无显著相关关系。此外，其未来使用可能性与未来使用频率呈现显著的正相关关系。

表 7-21　有共享新能源汽车出行经历的被试者各变量之间的相关性分析

	低碳环保	出行成本	租还便利性	出行紧迫性	出行舒适度	出行私密性	使用风险	疫情	出行规模	天气	未来使用可能性	未来使用频率
低碳环保	1	0.316**	0.369**	0.291*	0.178	0.253*	0.367**	0.446**	0.385**	0.435**	-0.062	0.094
出行成本	0.316**	1	0.761**	0.499**	0.639**	0.345**	0.481**	0.537**	0.459**	0.576**	0.245*	0.123
租还便利性	0.369**	0.761**	1	0.443**	0.580**	0.387**	0.438**	0.519**	0.295*	0.599**	0.195	0.127
出行紧迫性	0.291*	0.499**	0.443**	1	0.505**	0.291*	0.19	0.354**	0.320**	0.454**	0.218	0.310**
出行舒适度	0.178	0.639**	0.580**	0.505**	1	0.693**	0.483**	0.400**	0.480**	0.523**	0.265*	0.107
出行私密性	0.253*	0.345**	0.387**	0.291*	0.693**	1	0.555**	0.457**	0.442**	0.395**	0.005	-0.129
使用风险	0.367**	0.481**	0.438**	0.19	0.483**	0.555**	1	0.725**	0.466**	0.554**	0.056	0.011
疫情	0.446**	0.537**	0.519**	0.354**	0.400**	0.457**	0.725**	1	0.518**	0.601**	0.059	0.093
出行规模	0.385**	0.459**	0.295*	0.320**	0.480**	0.442**	0.466**	0.518**	1	0.663**	0.147	0.087
天气	0.435**	0.576**	0.599**	0.454**	0.523**	0.395**	0.554**	0.601**	0.663**	1	0.201	0.157
未来使用可能性	-0.062	0.245*	0.195	0.218	0.265*	0.005	0.056	0.059	0.147	0.201	1	0.675**
未来使用频率	0.094	0.123	0.127	0.310**	0.107	-0.129	0.011	0.093	0.087	0.157	0.675**	1

注：*代表在 0.05 级别（双尾），相关性显著；**代表在 0.01 级别（双尾），相关性显著。

（2）以往使用频率与以往使用时间的交叉分析

由被调查者以往使用频率与以往使用时间的交叉表（见表 7-22）及条形图（见图 7-29）可知，在工作日里使用共享新能源汽车的用户中，58.33%的用户以往处于低使用频率状态（包含非常低与比较低），25.00%的用户以往处于高频率使用状态（包含比较高与非常高），且非常高频率占比为 16.67%；以往在非工作日使用过共享新能源汽车出行的用户中，

72.73%的用户是低频率使用状态，仅有6.06%的用户使用频率较高；而同时在工作日与非工作日中都有过使用经历的被调查者中，4.16%的用户使用频率非常高，50.00%的用户使用频率一般，45.84%的用户使用频率低（包含比较低与非常低）。结合工作日与相应出行地点的分析可知，可能有部分用户长期使用共享新能源汽车去往工作单位等场所，因此使用频率非常高，而在非工作日，去往休闲娱乐场所的用户较多，由于是偶尔行为，其使用频率并不算高。

表7-22 以往使用频率与以往使用时间交叉表

以往使用频率		以往使用时间		
		工作日	非工作日	都有
非常低	计数/人	4	14	7
	占以往使用时间的百分比/%	33.33	42.43	29.17
比较低	计数/人	3	10	4
	占以往使用时间的百分比/%	25.00	30.30	16.67
一般	计数/人	2	7	12
	占以往使用时间的百分比/%	16.67	21.21	50.00
比较高	计数/人	1	2	0
	占以往使用时间的百分比/%	8.33	6.06	0.00
非常高	计数/人	2	0	1
	占以往使用时间的百分比/%	16.67	0.00	4.16

（3）未来使用可能性与家庭汽车拥有情况的交叉分析

由未来使用可能性与家庭汽车拥有情况的交叉表（见表7-23）及条形图（见图7-30）可知，在被试者有共享新能源汽车使用经历的前提下，家庭有汽车的用户中，未来比较可能使用共享新能源汽车的被试者占比为20.00%，极大可能使用的占比为26.66%；虽然家庭无汽车被试者较少，但其未来愿意使用的总占比为55.56%（比较可能与极大可能），因此对于有过使用经历的用户而言，无论其家庭是否有车，未来可能使用共享新能源汽车的用户占比都较高。

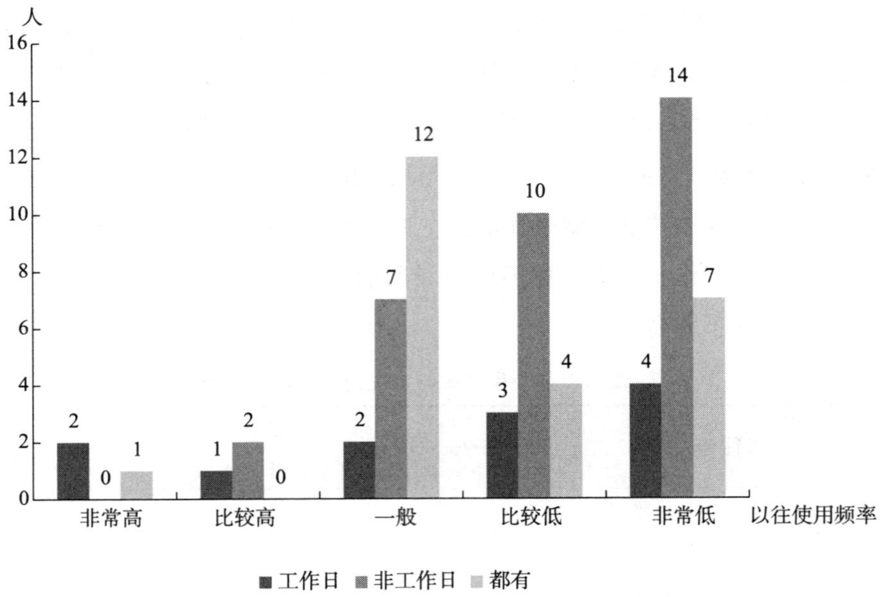

图 7-29　以往使用频率与以往使用时间交叉统计条形图

表 7-23　未来使用可能性与家庭汽车拥有情况交叉表

未来使用可能性		家庭汽车拥有情况	
		有	无
不可能	计数/人	1	0
	占家庭汽车拥有情况的百分比/%	1.67	0.00
不太可能	计数/人	9	1
	占家庭汽车拥有情况的百分比/%	15.00	11.11
一般	计数/人	22	3
	占家庭汽车拥有情况的百分比/%	36.67	33.33
比较可能	计数/人	12	4
	占家庭汽车拥有情况的百分比/%	20.00	44.45
极大可能	计数/人	16	1
	占家庭汽车拥有情况的百分比/%	26.66	11.11

（4）未来使用可能性与年龄的交叉分析

由未来使用可能性与年龄的交叉表（见表 7-24）及条形图（见图 7-31）可知，在被试者有共享新能源汽车使用经历的前提下，只有 40~49 岁的被试者

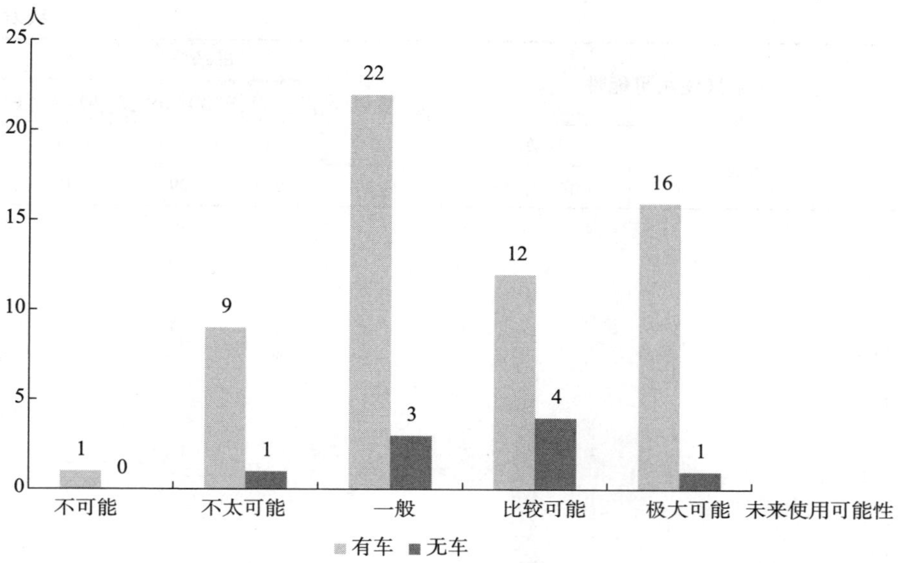

图 7-30 未来使用可能性与家庭汽车拥有情况交叉统计条形图

中有人认为其未来完全不可能使用共享新能源汽车，且对于每个年龄段的被试者而言，认为其未来可能使用的用户占比远高于认为其未来不可能使用的用户占比，数据分别为：20~29 岁“可能”39.02%对比“不可能”14.63%；30~39 岁“可能”58.82%对比“不可能”11.77%；40~49 岁“可能”62.50%对比“不可能”37.50%。由该数据可知，各个年龄段使用过共享新能源汽车的用户中，绝大多数未来使用意愿较强，使用可能性较高。

表 7-24 未来使用可能性与年龄交叉表

未来使用可能性		年龄			
		20 岁以下	20~29 岁	30~39 岁	40~49 岁
不可能	计数/人	0	0	0	1
	占年龄的百分比/%	0.00	0.00	0.00	12.50
不太可能	计数/人	0	6	2	2
	占年龄的百分比/%	0.00	14.63	11.77	25.00
一般	计数/人	1	19	5	0
	占年龄的百分比/%	33.33	46.35	29.41	0.00
比较可能	计数/人	2	8	5	1
	占年龄的百分比/%	66.67	19.51	29.41	12.50

续表

未来使用可能性		年龄			
		20岁以下	20~29岁	30~39岁	40~49岁
极大可能	计数/人	0	8	5	4
	占年龄的百分比/%	0.00	19.51	29.41	50.00

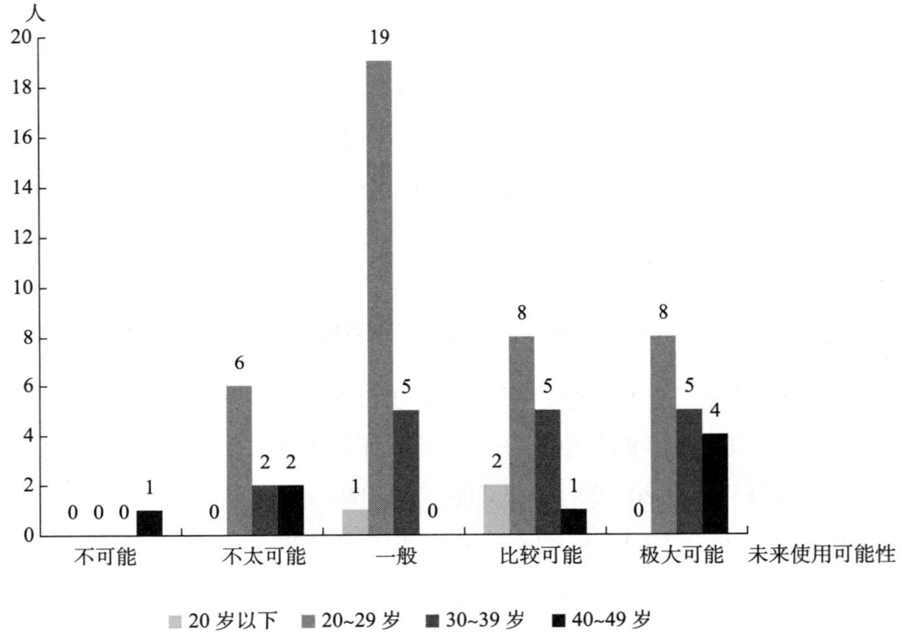

图7-31　未来使用可能性与年龄交叉统计条形图

（5）未来使用可能性与性别的交叉分析

由未来使用可能性与性别的交叉表（见表7-25）及条形图（见图7-32）可知，在被试者有共享新能源汽车使用经历的前提下，男性中未来可能继续使用共享新能源汽车的用户占比为51.43%，女性占比为44.12%；男性中未来使用可能性较低的占比为17.14%，女性占比为14.70%。这一数据表明，总体而言，女性未来愿意继续使用共享新能源汽车的占比稍低于男性，但同样使用可能性较高的群体占比远高于未来使用可能性较低的群体。

表 7-25 未来使用可能性与性别交叉表

未来使用可能性		性别	
		男	女
不可能	计数/人	0	1
	占性别的百分比/%	0. 00	2. 94
不太可能	计数/人	6	4
	占性别的百分比/%	17. 14	11. 76
一般	计数/人	11	14
	占性别的百分比/%	31. 43	41. 18
比较可能	计数/人	7	9
	占性别的百分比/%	20. 00	26. 47
极大可能	计数/人	11	6
	占性别的百分比/%	31. 43	17. 65

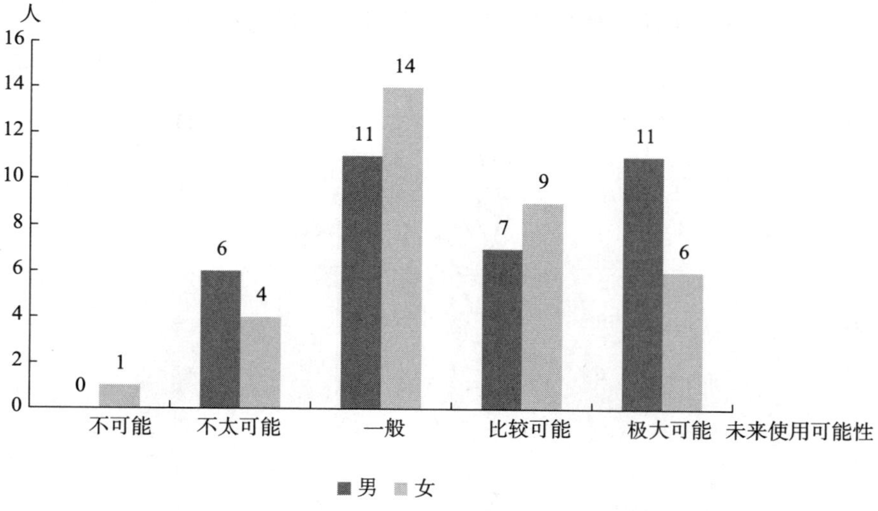

图 7-32 未来使用可能性与性别交叉统计条形图

（6）未来使用可能性与学历的交叉分析

由未来使用可能性与学历的交叉表（见表 7-26）及条形图（见图 7-33）可知，在被试者有共享新能源汽车使用经历的前提下，随着学历的提升，未来使用可能性较强的群体占比也逐渐升高，对应数据为专科 40. 00%，本科 46. 43%，研究生及以上 50. 00%（由于高中/职高学历的用户数量太少，此处不予讨论）。

表 7-26　未来使用可能性与学历交叉表

未来使用可能性		学历			
		高中/职高	专科	本科	研究生及以上
不可能	计数/人	1	0	0	0
	占学历的百分比/%	50.00	0.00	0.00	0.00
不太可能	计数/人	0	1	3	6
	占学历的百分比/%	0.00	20.00	10.71	17.65
一般	计数/人	0	2	12	11
	占学历的百分比/%	0.00	40.00	42.86	32.35
比较可能	计数/人	0	1	11	4
	占学历的百分比/%	0.00	20.00	39.29	11.76
极大可能	计数/人	1	1	2	13
	占学历的百分比/%	50.00	20.00	7.14	38.24

注：在调研数据中，没有初中及以下学历的人使用共享新能源汽车。

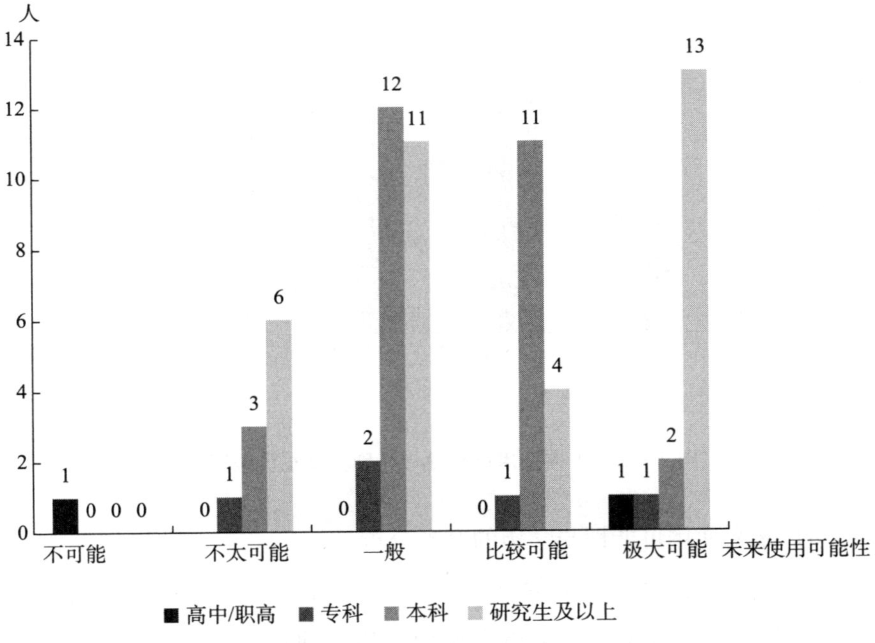

图 7-33　未来使用可能性与学历交叉统计条形图

（7）未来使用可能性与家庭月收入的交叉分析

由未来使用可能性与家庭月收入的交叉表（见表 7-27）及条形图（见图 7-34）可知，在被试者有共享新能源汽车使用经历的前提下，家庭月收入越高的群体中，未来有较高可能性使用共享新能源汽车的占比也越高。家庭月收入 1 万元以下的群体中，高使用可能性的群体占比为 36.85%，1 万~3 万元的占比为 48.48%，3 万~5 万元的占比为 75.00%，由于 5 万元以上家庭月收入的被试者数量较少，此处不予讨论。

（8）未来使用频率与家庭汽车拥有情况的交叉分析

由未来使用频率与家庭汽车拥有情况的交叉表（见表 7-28）及条形图（见图 7-35）可知，在被试者有共享新能源汽车使用经历的前提下，家庭有车的人群中，未来有高频率使用意愿的占比为 26.67%，持有低频率使用意愿的占比为 28.33%；而家庭无车的被试者群体中，未来持有高频率使用意愿的占比为 33.34%，持有低频率使用意愿的占比为 22.22%。由此可知，用户未来的使用频率与家庭是否有车无较大关系，可能与其使用目的、使用需求有更大关联。

表 7-27　未来使用可能性与家庭月收入交叉表

未来使用可能性		家庭月收入			
		1 万元以下	1 万~3 万元	3 万~5 万元	5 万元以上
不可能	计数/人	1	0	0	0
	占家庭月收入的百分比/%	5.26	0.00	0.00	0.00
不太可能	计数/人	1	5	2	2
	占家庭月收入的百分比/%	5.26	15.15	16.67	40.00
一般	计数/人	10	12	1	2
	占家庭月收入的百分比/%	52.63	36.37	8.33	40.00
比较可能	计数/人	4	9	3	0
	占家庭月收入的百分比/%	21.05	27.27	25.00	0.00
极大可能	计数/人	3	7	6	1
	占家庭月收入的百分比/%	15.80	21.21	50.00	20.00

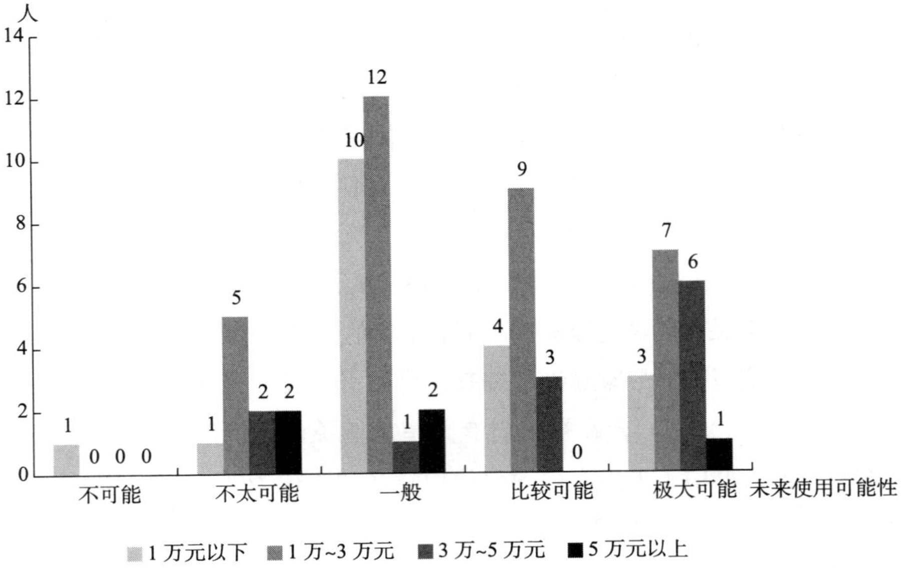

图 7-34　未来使用可能性与家庭月收入交叉统计条形图

表 7-28　未来使用频率与家庭汽车拥有情况交叉表

未来使用频率		家庭汽车拥有情况	
		有	无
非常低	计数/人	6	0
	占家庭汽车拥有情况的百分比/%	10.00	0.00
比较低	计数/人	11	2
	占家庭汽车拥有情况的百分比/%	18.33	22.22
一般	计数/人	27	4
	占家庭汽车拥有情况的百分比/%	45.00	44.44
比较高	计数/人	10	3
	占家庭汽车拥有情况的百分比/%	16.67	33.34
非常高	计数/人	6	0
	占家庭汽车拥有情况的百分比/%	10.00	0.00

（9）未来使用频率与年龄的交叉分析

由未来使用频率与年龄的交叉表（见表 7-29）及条形图（见图 7-36）可知，在被试者有共享新能源汽车使用经历的前提下，20~29 岁的被

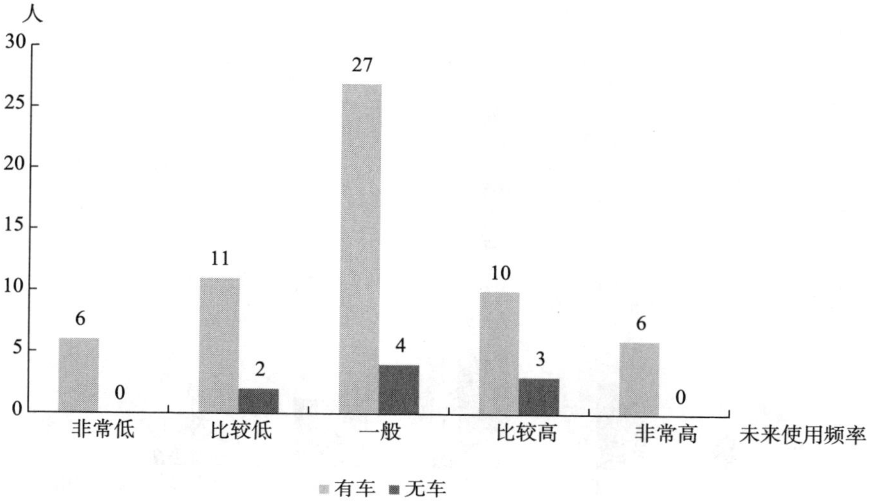

图 7-35 未来使用频率与家庭汽车拥有情况交叉统计条形图

试者中，29.27%的用户未来持有低频率使用的意愿，17.07%的持有高频率使用意愿；30～39 岁的被试者中，持有低频率使用意愿的占比为 29.41%，持有高频率使用意愿的占比为 29.41%；40～49 岁的被试者中，未来持有低频率使用意愿的占比为 25.00%，持有高频率使用意愿的占比为 62.50%。总体而言，年龄越大的群体中，未来持有高频率使用意愿的被试者占比越高。

表 7-29 未来使用频率与年龄交叉表

未来使用频率		年龄			
		20 岁以下	20～29 岁	30～39 岁	40～49 岁
非常低	计数/人	0	4	0	2
	占年龄的百分比/%	0.00	9.76	0.00	25.00
比较低	计数/人	0	8	5	0
	占年龄的百分比/%	0.00	19.51	29.41	0.00
一般	计数/人	1	22	7	1
	占年龄的百分比/%	33.33	53.66	41.18	12.50
比较高	计数/人	2	5	2	4
	占年龄的百分比/%	66.67	12.20	11.76	50.00
非常高	计数/人	0	2	3	1
	占年龄的百分比/%	0.00	4.87	17.65	12.50

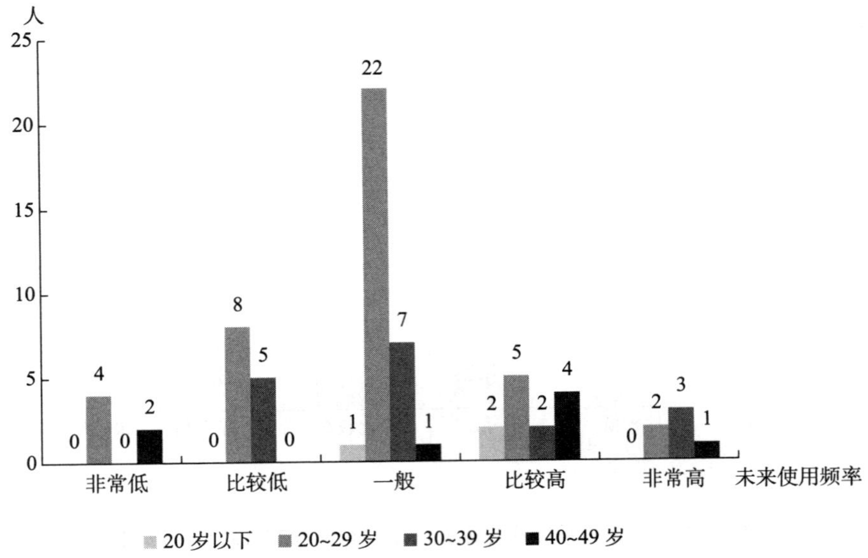

图 7-36　未来使用频率与年龄交叉统计条形图

(10) 未来使用频率与性别的交叉分析

由未来使用频率与性别的交叉表（见表 7-30）及条形图（见图 7-37）可知，在被试者有共享新能源汽车使用经历的前提下，男性群体中未来持有高使用频率意愿的占比为 20.00%，持有低使用频率意愿的占比为 25.71%；女性群体中未来持有高使用频率意愿的占比为 35.29%，持有低使用频率意愿的占比为 29.41%。

表 7-30　未来使用频率与性别交叉表

未来使用频率		性别	
		男	女
非常低	计数/人	3	3
	占性别的百分比/%	8.57	8.82
比较低	计数/人	6	7
	占性别的百分比/%	17.14	20.59
一般	计数/人	19	12
	占性别的百分比/%	54.29	35.30
比较高	计数/人	4	9
	占性别的百分比/%	11.43	26.47

续表

未来使用频率		性别	
		男	女
非常高	计数/人	3	3
	占性别的百分比/%	8.57	8.82

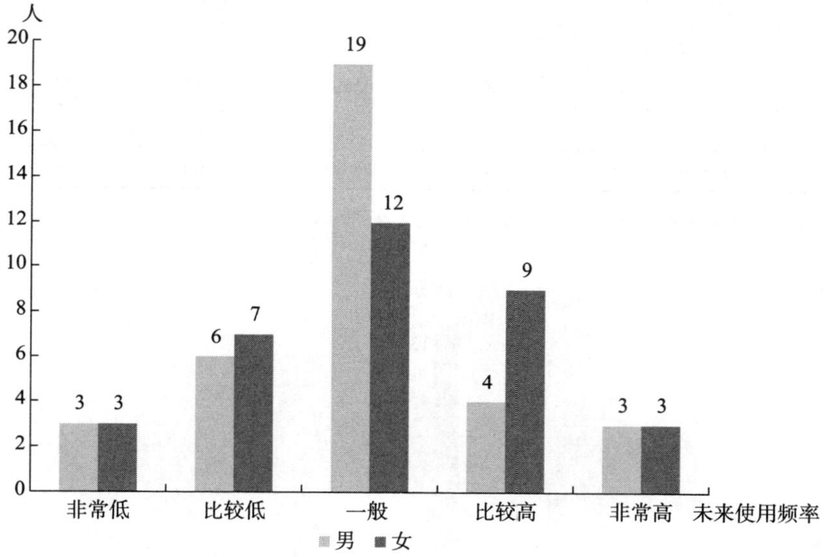

图 7-37　未来使用频率与性别交叉统计条形图

（11）未来使用频率与学历的交叉分析

由未来使用频率与学历的交叉表（见表 7-31）及条形图（见图 7-38）可知，在被试者有共享新能源汽车使用经历的前提下，随着学历的升高，有高频率使用意愿（比较高与非常高）的用户占比也在提升，专科为 20.00%，本科为 25.00%，研究生及以上为 29.41%。

表 7-31　未来使用频率与学历交叉表

未来使用频率		学历			
		高中/职高	专科	本科	研究生及以上
非常低	计数/人	1	0	2	3
	占学历的百分比/%	50.00	0.00	7.14	8.82

续表

未来使用频率		学历			
		高中/职高	专科	本科	研究生及以上
比较低	计数/人	0	1	4	8
	占学历的百分比/%	0.00	20.00	14.29	23.53
一般	计数/人	0	3	15	13
	占学历的百分比/%	0.00	60.00	53.57	38.24
比较高	计数/人	0	0	7	6
	占学历的百分比/%	0.00	0.00	25.00	17.65
非常高	计数/人	1	1	0	4
	占学历的百分比/%	50.00	20.00	0.00	11.76

注：在调研数据中，没有初中及以下学历的人使用共享新能源汽车。

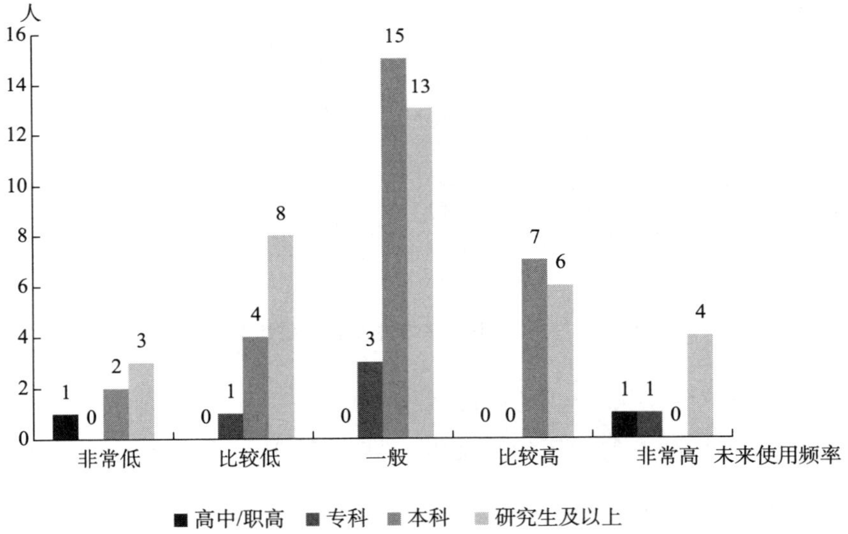

图 7-38　未来使用频率与学历交叉统计条形图

（12）未来使用频率与家庭月收入的交叉分析

由未来使用频率与家庭月收入的交叉表（见表 7-32）及条形图（见图 7-39）可知，在被试者有共享新能源汽车使用经历的前提下，家庭月收入 1 万元以下的群体中，持有高频率使用意愿的占比为 5.26%，持有低频率使用意愿的占比为 31.58%；家庭月收入 1 万~3 万元的群体中，持有高频率使用意愿的占比为 33.34%，持有低频率使用意愿的占比为 24.24%；家庭月收入 3 万～5 万元的群体中，持有高频率使用意愿的占比为 50.00%，持有低频率使用意愿的占比为 16.67%。由此可知，随着家庭月收入的增加，未来持有高频率使用共享新能源汽车的用户占比在大幅提升。

表 7-32　未来使用频率与家庭月收入交叉表

未来使用频率		家庭月收入			
		1 万元以下	1 万元～3 万元	3 万～5 万元	5 万元以上
非常低	计数/人	5	1	0	0
	占家庭月收入的百分比/%	26.32	3.03	0.00	0.00
比较低	计数/人	1	7	2	3
	占家庭月收入的百分比/%	5.26	21.21	16.67	60.00
一般	计数/人	12	14	4	1
	占家庭月收入的百分比/%	63.16	42.42	33.33	20.00
比较高	计数/人	1	7	5	0
	占家庭月收入的百分比/%	5.26	21.21	41.67	0.00
非常高	计数/人	0	4	1	1
	占家庭月收入的百分比/%	0.00	12.13	8.33	20.00

（13）各因素对未来使用可能性的回归模型

为了进一步探究影响有过共享新能源汽车出行经历的人群未来选择共享新能源汽车的关键因素，研究以未来使用可能性作为因变量，将家庭月收入、家庭汽车拥有情况、性别、职业、学历、驾照持有情况、年龄作为控制变量，将出行紧迫性、低碳环保、出行私密性、天气、出行成本、疫情、出行规模、租还便利性、出行舒适度、使用风险作为自变量，进行多元 OLS 回归分析，由模型摘要可知，R^2 为 0.229，F 值为 1.27，回归模型显著性为 0.272（见表 7-33），各自变量的回归系数与显著性见表 7-34。由结果可知，这些因素并未显著影响被试者未来使用的可能性。

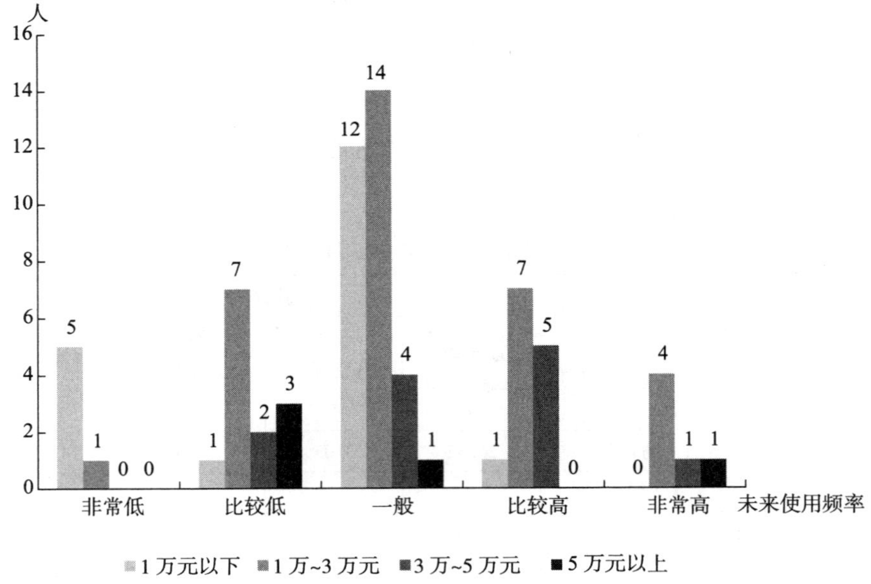

图 7-39　未来使用频率与家庭月收入交叉统计条形图

表 7-33　各因素对未来使用可能性的回归模型摘要

模型	R	R^2	调整后 R^2	标准估算的错误	R^2 变化量	F 变化量	自由度 1	自由度 2	显著性 F 变化量
1	0. 194[a]	0. 038	−0. 073	1. 103	0. 038	0. 34	7	61	0. 932
2	0. 479[b]	0. 229	−0. 027	1. 079	0. 192	1. 27	10	51	0. 272

注：①a 预测变量：（常量）家庭月收入、驾照持有情况、性别、学历、年龄、家庭汽车拥有情况、职业。②b 预测变量：（常量）家庭月收入、驾照持有情况、性别、学历、年龄、家庭汽车拥有情况、职业、疫情、出行舒适度、低碳环保、出行紧迫性、出行规模、租还便利性、出行私密性、天气、使用风险、出行成本。

表 7-34　各因素对未来使用可能性的回归模型系数（有使用经历样本）

模型	变量	未标准化系数		标准化系数	t	显著性
		B	标准错误	Beta		
1	（常量）	2. 405	1. 375		1. 749	0. 085
	驾照持有情况	0. 073	0. 535	0. 020	0. 137	0. 891
	家庭汽车拥有情况	0. 125	0. 440	0. 040	0. 284	0. 778
	年龄	0. 093	0. 204	0. 066	0. 454	0. 652

续表

模型	变量	未标准化系数		标准化系数	t	显著性
		B	标准错误	Beta		
1	性别	−0. 176	0. 270	−0. 083	−0. 652	0. 517
	学历	0. 195	0. 188	0. 136	1. 037	0. 304
	职业	0. 002	0. 028	0. 011	0. 074	0. 942
	家庭月收入	0. 049	0. 168	0. 040	0. 291	0. 772
2	（常量）	1. 561	1. 665		0. 937	0. 353
	驾照持有情况	−0. 304	0. 572	−0. 081	−0. 531	0. 598
	家庭汽车拥有情况	0. 039	0. 452	0. 012	0. 086	0. 932
	年龄	0. 096	0. 245	0. 068	0. 390	0. 698
	性别	−0. 141	0. 279	−0. 067	−0. 505	0. 616
	学历	0. 146	0. 232	0. 102	0. 628	0. 533
	职业	−0. 013	0. 032	−0. 068	−0. 413	0. 681
	家庭月收入	0. 267	0. 193	0. 217	1. 379	0. 174
	低碳环保	−0. 114	0. 119	−0. 160	−0. 960	0. 341
	出行成本	0. 139	0. 227	0. 164	0. 612	0. 543
	租还便利性	−0. 035	0. 203	−0. 043	−0. 170	0. 866
	出行紧迫性	0. 107	0. 134	0. 137	0. 801	0. 427
	出行舒适度	0. 364	0. 250	0. 361	1. 453	0. 152
	出行私密性	−0. 282	0. 196	−0. 319	−1. 437	0. 157
	使用风险	0. 077	0. 198	0. 095	0. 390	0. 698
	疫情	−0. 086	0. 174	−0. 110	−0. 495	0. 622
	出行规模	0. 053	0. 161	0. 064	0. 328	0. 744
	天气	0. 053	0. 178	0. 067	0. 300	0. 766

7. 3. 4　问卷调查小结

本次问卷调查对被试者的日常出行行为、共享新能源汽车使用经历、影响选择的因素、未来使用行为与基本情况五大部分进行了调查。由数据分析可知，工作、休闲娱乐和消费购物是其日常外出的主要目的；自驾车，自行车、电动车、摩托车，出租车、滴滴，地铁、公交车等公共交通是其日常出行主要采用的出行方式；远距离出行不方便、停车难、道路拥堵、地铁覆盖区域少、有些地方不易打车、地理位置不好、找不到车、天气太热、通勤时间太长等是目前出行存在的主要问题；目前共享新能源汽车的普及率较低，本次调查中仅有 17.47%的人使用过共享新能源汽车。其中大部分用户倾向于在非工作日使用共享新能源汽车，其次是非工作日与工作日都会使用共享新能源汽车，仅在工作日使用的用户占比较少。对于非工作日使用共享新能源汽车出行的用户而言，一般出行地点多为休闲娱乐场所与工作单位；对于工作日使用共享新能源汽车出行的用户而言，一般出行地点多为休闲娱乐场所、工作单位与转乘站点。在使用共享新能源汽车出行的时段分布上，工作日与非工作日并未体现出明显差异，即大部分用户会集中在早高峰（9：00~11：00）与晚高峰（17：00~20：00）用车；共享新能源汽车分布不均衡，网点太少、共享新能源汽车数量不多，不如其他交通方式便利是阻碍很多被试者使用共享新能源汽车的原因；有无共享新能源汽车的使用经历对被试者未来的使用意愿具有重要影响。

7.4 模型求解

2021 年年底，XZ 市全市机动车保有量达 206.6 万辆，新增注册机动车 20.5 万辆，同比增长 3.57%；全市驾驶人保有量达 296.4 万人，新增初学驾驶人 18.7 万人。第七次全国人口普查数据显示，XZ 市共有常住人口 902 万人，因此，XZ 市汽车租赁市场具有较大的发展空间。本研究结合深入访谈结论与问卷调查结果，以 XZ 市区为例研究以需求为导向的共享新能源汽车网点选址问题。首先确定需求点与需求数量预测，之后在 XZ 市区筛选备选网点，以需求点与备选网点之间的距离作为出行成本，在不进行网点拓展的前提下对 XZ 市区网点位置进行重新选择，使得在满足所有需求点出行需求的前提下，利用 P 中值模型求解使得总出行成本最小。

7.4.1 确定需求点

本次研究的地理范围是 XZ 市区，即 QS 区、YL 区、JW 区、GL 区以及 TS 区 5 个区。相关人口数据由 2021 年 XZ 市统计年鉴与 2020 年 11 月第七次人口普查数据得出，部分数据由 XZ 市统计局提供。由数据可知，TS 区共有 24 个镇/街道，共计人口 1288867 人；GL 区共有 11 个街道，共计人口 638534 人；QS 区共有 15 个街道，共计人口 619653 人；JW 区共有 10 个街道/镇，总计人口 438748 人；YL 区共有 9 个街道，共计人口 421157 人。其中，GL 区、YL 区与 QS 区人口较为密集，JW 区与 TS 区人口密度较为稀疏。

以 XZ 市区的地理面积为划分依据确定需求点数量，结合市民出行范围，采用 3000 m×3000 m 的网格将 XZ 市区划分为 338 个网格作为计算需求量的单位，将每个网格的几何中心作为代表该单位的需求点，并在 ArcGIS 10.2 软件中对需求点进行标注及编号，通过 ArcGIS 10.2 软件确定每个需求点的经纬度，具体如图 7-40 至图 7-45 所示。

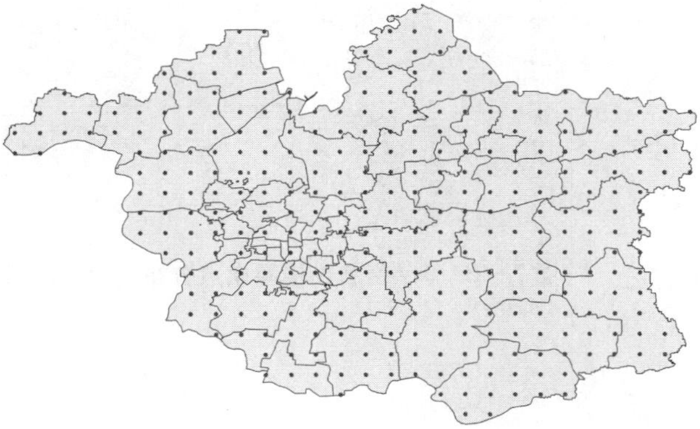

图 7-40 XZ 市区 338 个需求点坐标

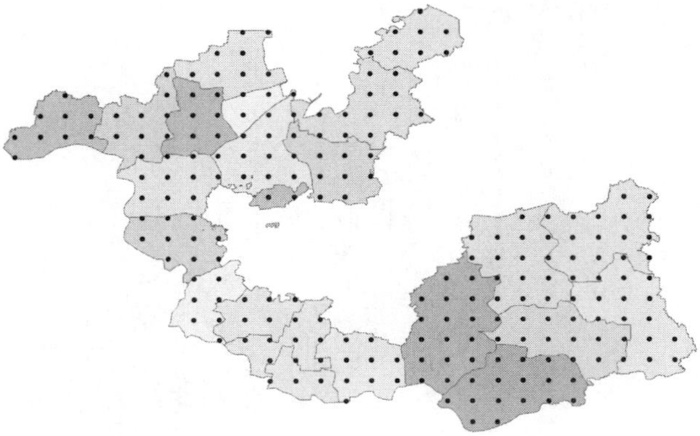

图 7-41 TS 区各街道需求点分布

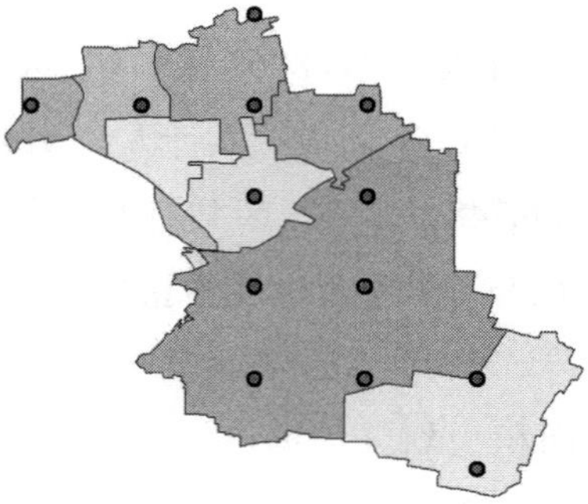

图 7-42　YL 区各街道需求点分布

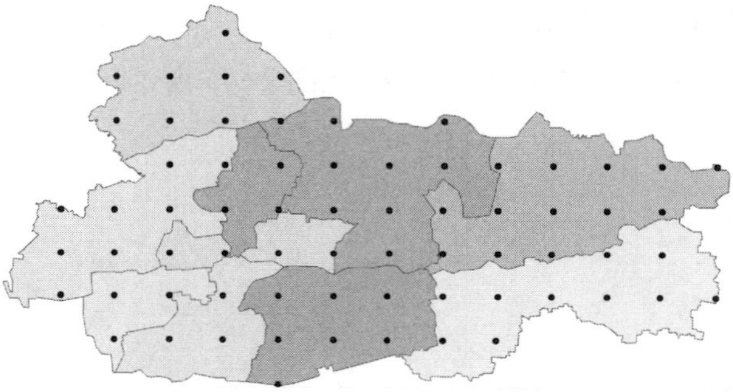

图 7-43　JW 区各街道需求点分布

图 7-44　QS 区各街道需求点分布

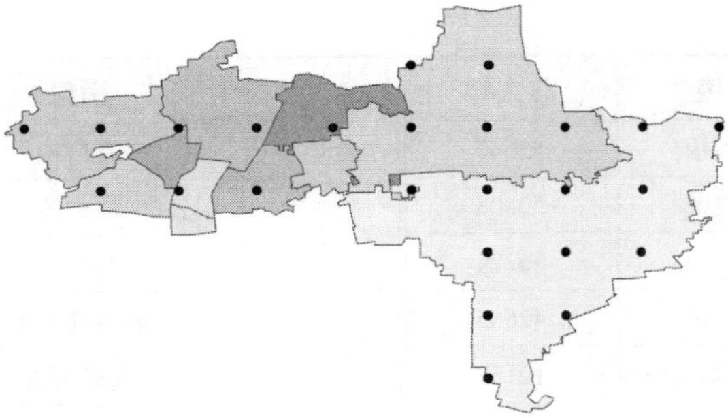

图 7-45 GL 区各街道需求点分布

7.4.2 各需求点人口的预测

(1) 确定 XZ 市各区各街道人口数量

根据 XZ 市统计局提供的 2022 年 5 月人口数据可知各区的人口总数(见表 7-35)。

表 7-35 XZ 市各区各街道人口数量分布

单位:人

区	街道	总人口	区	街道	总人口
TS 区	郑集镇	51029	QS 区	永安街道	76304
	张集镇	73595		XZ 泉山经济开发区	126
	伊庄镇	34142		王陵街道	40522
	徐庄镇	60380		桃园街道	9266
	新区街道	57514		泰山街道	50553
	铜山街道	187736		苏山街道	23559
	棠张镇	54739		七里沟街道	13188
	拾屯街道	14587		庞庄街道	21845
	三河尖街道	3214		奎山街道	30177
	三堡街道	24579		金山街道	24912
	茅村镇	67197		火花街道	40900
	马坡镇	42682		湖滨街道	59889
	柳新镇	68243		和平街道	95998
	柳泉镇	52765		段庄街道	54475
	刘集镇	56213		翟山街道	77939

续表

区	街道	总人口	区	街道	总人口
TS 区	利国镇	53640	JW 区	紫庄镇	53706
	黄集镇	50808		塔山镇	60276
	何桥镇	36224		青山泉镇	36522
	汉王镇	42685		潘安湖街道	19716
	国营沿湖农场	10188		老矿街道	63675
	房村镇	61772		江庄镇	27794
	单集镇	49421		工业园区	16643
	大许镇	70223		大吴街道	50408
	大彭镇	65291		大泉街道	66204
GL 区	铜沛街道	60565		汴塘镇	43804
	琵琶街道	57193	YL 区	子房街道	52337
	牌楼街道	42981		彭城街道	43934
	九里街道	72529		潘塘街道	12326
	金山桥街道	38212		骆驼山街道	70066
	黄楼街道	32773		黄山街道	89266
	环城街道	82742		淮海食品城	1461
	丰财街道	76360		大龙湖街道	92519
	东环街道	23051		大郭庄街道	17850
	大庙街道	82314		翠屏山街道	41398
	大黄山街道	69814			

（2）计算 XZ 市各区各街道潜在用户群体数量

根据 2020 年第七次全国人口普查数据，XZ 市各区 15~59 岁人口年龄占比分别为 TS 区 59.13%、GL 区 64.84%、QS 区 63.11%、JW 区 58.56%、YL 区 64.97%。结合驾照考取的年龄限制与问卷中有过共享新能源汽车使用经历用户的年龄，研究将 20~59 岁的人群作为潜在用户群体。经 XZ 市新闻报道可知，XZ 市高中生占比约为 XZ 市总市民数的 3.01%，将此作为平均数计算 XZ 市 5 个区的潜在用户群体比例，并将此作为各区内街道的潜在用户比例：TS 区 56.12%、GL 区 61.67%、QS 区 60.10%、JW 区 55.55%、YL 区 61.96%。

根据式（7.1）计算各街道的潜在用户数量：

$$H_{ij}=T_{ij}\times W_i \tag{7.1}$$

其中，i 为区编号，$i=\{1, 2, 3, 4, 5\}$；j 为街道编号，$j=\{1, 2, 3, 4, 5, \cdots, 24\}$，$H_{ij}$为第 i 区第 j 街道的潜在用户数量，T_{ij} 为第 i 区第 j 街道的总人口数量，W_i 为第 i 区的潜在用户占比。各区各街道潜在用户群体数量见表 7-36。

表 7-36　各区各街道潜在用户群体数量

单位：人

区	街道	潜在用户群体	区	街道	潜在用户群体
TS 区	郑集镇	28637	QS 区	永安街道	45859
	张集镇	41302		XZ 泉山经济开发区	76
	伊庄镇	19160		王陵街道	24354
	徐庄镇	33885		桃园街道	5569
	新区街道	32277		泰山街道	30382
	铜山街道	105357		苏山街道	14159
	棠张镇	30720		七里沟街道	7926
	拾屯街道	8186		庞庄街道	13129
	三河尖街道	1804		奎山街道	18136
	三堡街道	13794		金山街道	14972
	茅村镇	37711		火花街道	24581
	马坡镇	23953		湖滨街道	35993
	柳新镇	38298		和平街道	57695
	柳泉镇	29612		段庄街道	32739
	刘集镇	31547		翟山街道	46841
	利国镇	30103	JW 区	紫庄镇	29834
	黄集镇	28514		塔山镇	33483
	何桥镇	20329		青山泉镇	20288
	汉王镇	23955		潘安湖街道	10952
	国营沿湖农场	5718		老矿街道	35371
	房村镇	34666		江庄镇	15440
	单集镇	27735		工业园区	9245
	大许镇	39409		大吴街道	28002
	大彭镇	36641		大泉街道	36776

续表

区	街道	潜在用户群体	区	街道	潜在用户群体
GL 区	铜沛街道	37350		汴塘镇	24333
	琵琶街道	35271	YL 区	子房街道	32428
	牌楼街道	26506		彭城街道	27222
	九里街道	44729		潘塘街道	7637
	金山桥街道	23565		骆驼山街道	43413
	黄楼街道	20211		黄山街道	55309
	环城街道	51027		淮海食品城	905
	丰财街道	47091		大龙湖街道	57325
	东环街道	14216		大郭庄街道	11060
	大庙街道	50763		翠屏山街道	25650
	大黄山街道	43054			

（3）计算各区各街道目标用户数量

由问卷结果可知，使用经历对用户未来使用共享电动汽车的可能性有着显著的影响。因此，本次研究将被调查对象中使用过共享新能源汽车的用户比例 17%作为 XZ 市的共享新能源汽车用户比例；将没有使用经历的被调查者比例 83%作为 XZ 市无共享新能源汽车经历的人员比例，在分别计算出二者中未来有使用可能的被试者占比后，以这两种数据为依据计算出每个区域各街道的目标人数，计算公式如下：

$$R_{ij}=H_{ij}\times(P_1\times K_1+P_2\times K_2) \tag{7.2}$$

其中，i 为区编号，$i=\{1, 2, 3, 4, 5\}$；j 为街道编号，$j=\{1, 2, 3, 4, 5, \cdots, 24\}$；$R_{ij}$为第 i 区第 j 街道的目标用户数量；H_{ij}为第 i 区第 j 街道的潜在客户数量；P_1 为 XZ 市有共享出行经历的用户占比，$P_1=17\%$；P_2 为 XZ 市无共享出行经历的人员占比，$P_2=83\%$；K_1 为有共享新能源汽车使用经历的用户中未来有使用意愿的用户占比，$K_1=82.2\%$；K_2 为无共享新能源汽车使用经历的人员中未来有使用意愿的人员占比，$K_2=65\%$。各区各街道目标人群数量见表 7-37。

表 7-37 各区各街道目标人群数量

单位：人

区	街道	目标人群	区	街道	目标人群
TS 区	郑集镇	19452	QS 区	永安街道	31149
	张集镇	28054		XZ 泉山经济开发区	51
	伊庄镇	13015		王陵街道	16542
	徐庄镇	23016		桃园街道	3783
	新区街道	21924		泰山街道	20637
	铜山街道	71563		苏山街道	9617
	棠张镇	20866		七里沟街道	5384
	拾屯街道	5560		庞庄街道	8918
	三河尖街道	1225		奎山街道	12319
	三堡街道	9369		金山街道	10170
	茅村镇	25615		火花街道	16696
	马坡镇	16270		湖滨街道	24448
	柳新镇	26014		和平街道	39189
	柳泉镇	20113		段庄街道	22238
	刘集镇	21428		翟山街道	31817
	利国镇	20447	JW 区	紫庄镇	20264
	黄集镇	19367		塔山镇	22743
	何桥镇	13808		青山泉镇	13780
	汉王镇	16271		潘安湖街道	7439
	国营沿湖农场	3884		老矿街道	24026
	房村镇	23547		江庄镇	10487
	单集镇	18839		工业园区	6280
	大许镇	26768		大吴街道	19020
	大彭镇	24888		大泉街道	24980
GL 区	铜沛街道	25370		汴塘镇	16528
	琵琶街道	23957	YL 区	子房街道	22026
	牌楼街道	18004		彭城街道	18490
	九里街道	30381		潘塘街道	5187
	金山桥街道	16007		骆驼山街道	29488
	黄楼街道	13728		黄山街道	37568

续表

区	街道	目标人群	区	街道	目标人群
GL 区	环城街道	34660	YL 区	淮海食品城	615
	丰财街道	31986		大龙湖街道	38937
	东环街道	9656		大郭庄街道	7512
	大庙街道	34480		翠屏山街道	17423
	大黄山街道	29244			

（4）计算各需求点需求量

在计算各街道目标人群的基础上，结合需求点分布情况，将无需求点覆盖街道的人群分配到邻近有需求点的街道，如 GL 区牌楼街道的目标人群数量可分至九里街道、琵琶街道、铜沛街道与环城街道。之后根据各需求点网格面积占所在街道总面积的比例将各街道的目标人群分配到各个需求点。计算公式如下：

$$D_x = R_{ij} \times S_x \div S_{xj} \tag{7.3}$$

其中，i 为区编号，$i=\{1, 2, 3, 4, 5\}$；j 为街道编号，$j=\{1, 2, 3, 4, 5, \cdots, 24\}$；$x$ 为需求点编号，$x=\{1, 2, 3, \cdots, 338\}$；$D_x$ 为第 x 需求点的需求人口数量；R_{ij} 为第 x 需求点所在的第 i 区第 j 街道的总目标人口数量；S_x 为第 x 需求点的对应网格面积；S_{xj} 为第 x 需求点所在的第 j 街道的总面积。

将各需求点的需求人口数量作为该点的需求量；部分需求点的量见表 7-38。

表 7-38　各需求点需求量信息　　单位：人

需求点	对应区	对应街道/镇	各点需求量	需求点	对应区	对应街道/镇	各点需求量
1	TS 区	徐庄镇	1770	51	TS 区	棠张镇	2507
2	GL 区	大庙街道	3620	52	TS 区	大许镇	1038
3	TS 区	刘集镇	2219	53	TS 区	房村镇	1617
4	TS 区	三堡街道	1588	54	TS 区	柳泉镇	1766
5	TS 区	汉王镇	2517	55	GL 区	大庙街道	3620
6	TS 区	大彭镇	2561	56	YL 区	大郭庄街道	8127

续表

需求点	对应区	对应街道/镇	各点需求量	需求点	对应区	对应街道/镇	各点需求量
7	TS 区	伊庄镇	1085	57	TS 区	大许镇	1748
8	GL 区	九里街道	11832	58	TS 区	张集镇	1584
9	TS 区	铜山街道	14313	59	TS 区	张集镇	1584
10	TS 区	马坡镇	2471	60	JW 区	青山泉镇	1723
11	JW 区	塔山镇	2433	61	TS 区	单集镇	1389
12	TS 区	茅村镇	2846	62	JW 区	塔山镇	2433
13	TS 区	张集镇	1584	63	QS 区	翟山街道	31817
14	TS 区	张集镇	1584	64	QS 区	泰山街道	32956
15	TS 区	铜山街道	14313	65	TS 区	柳泉镇	1766
16	TS 区	刘集镇	2418	66	TS 区	黄集镇	2242
17	YL 区	大龙湖街道	7787	67	JW 区	汴塘镇	455
18	TS 区	张集镇	1584	68	TS 区	棠张镇	2507
19	TS 区	单集镇	1053	69	TS 区	单集镇	1389
20	JW 区	塔山镇	2433	70	JW 区	大吴街道	6340
……							
279	JW 区	工业园区	1570	309	TS 区	大彭镇	2481
280	TS 区	郑集镇	3242	310	TS 区	大许镇	1460
281	TS 区	刘集镇	2418	311	TS 区	大彭镇	2561
282	TS 区	房村镇	1617	312	TS 区	茅村镇	2846
283	TS 区	茅村镇	2846	313	YL 区	大龙湖街道	7787
284	TS 区	国营沿湖农场	1296	314	TS 区	国营沿湖农场	1291
285	GL 区	大黄山街道	5763	315	TS 区	刘集镇	2280
286	GL 区	大庙街道	3620	316	TS 区	柳泉镇	1766
287	TS 区	茅村镇	2846	317	TS 区	何桥镇	782
288	JW 区	塔山镇	848	318	YL 区	子房街道	51514
289	JW 区	大泉街道	1577	319	TS 区	房村镇	1414
290	TS 区	徐庄镇	1770	320	GL 区	琵琶街道	28458
291	TS 区	利国镇	2091	321	YL 区	大龙湖街道	7787
292	TS 区	房村镇	1617	322	TS 区	黄集镇	2085

续表

需求点	对应区	对应街道/镇	各点需求量	需求点	对应区	对应街道/镇	各点需求量
293	JW 区	大泉街道	3013	323	TS 区	张集镇	1120
294	TS 区	棠张镇	2507	324	JW 区	潘安湖街道	2480
295	TS 区	房村镇	1148	325	TS 区	大许镇	1748
296	TS 区	柳新镇	2291	326	TS 区	马坡镇	724
297	TS 区	张集镇	1584	327	TS 区	柳泉镇	1766
298	TS 区	马坡镇	1468	328	YL 区	大龙湖街道	7787
299	JW 区	潘安湖街道	2480	329	TS 区	马坡镇	2100
300	QS 区	桃园街道	3834	330	TS 区	徐庄镇	1770
301	TS 区	徐庄镇	1770	331	JW 区	紫庄镇	2895
302	TS 区	柳泉镇	1766	332	JW 区	塔山镇	2433
303	QS 区	庞庄街道	4459	333	JW 区	老矿街道	8009
304	GL 区	大庙街道	3620	334	TS 区	马坡镇	2471
305	JW 区	大泉街道	3013	335	TS 区	单集镇	1389
306	TS 区	新区街道	2740	336	TS 区	马坡镇	2471
307	GL 区	大庙街道	3620	337	TS 区	大许镇	1748
308	JW 区	大泉街道	3013	338	TS 区	棠张镇	1103

7.4.3 筛选备选网点

在结合深度访谈结果、问卷调查结果与各类文献中影响选址的因素的基础上，考虑政策倡导选址位置以及现实选址倾向，本次研究将 XZ 市的重点学校、医院、大型购物商场、机关事业单位、旅游景点、交通枢纽、商务办公楼、居民社区类地点、大型商务酒店、工业园区 10 类地点作为预备选址点，在综合地理位置、选址类型、网点距离与人流量后，共筛选出备选网点 323 个并利用爬虫工具在百度地图、高德地图上找到这 323 个网点的经纬度位置，将其导入 ArcGIS 10.2 软件体现在 XZ 市地图上，部分网点数据见表 7-39。

表 7-39 备选网点坐标信息

序号	地点	经度	纬度
1	JS 省 XZ 市中等专业学校	117. 2002	34. 2057
2	TS 中等专业学校	117. 1446	34. 2129
3	XZ 市第二中等专业学校	117. 1888	34. 2623
4	XZ 市下淀小学	117. 2268	34. 2862
5	撷秀初级中学	117. 2855	34. 1903
6	JS 省 XZ 市九里中学	117. 1327	34. 3185
7	XZ 市第七中学（转型大道）	117. 4814	34. 4400
8	星光小学（碧水湾分校）	117. 1797	34. 2187
9	JS 师范大学附属实验学校	117. 4862	34. 4386
10	XZ 培栋实验学校	117. 2127	34. 2056
11	XZ 树恩中学（高铁校区）	117. 3054	34. 2619
12	XZ 市华杰实验学校	117. 1891	34. 2392
13	XZ 市 TS 区国文实验学校	117. 1947	34. 2067
14	XZ 市兴东实验学校	117. 2399	34. 2969
15	铜山区城北实验学校	117. 2250	34. 3917
16	XZ 市第十中学	117. 2058	34. 2856
17	XZ 市 TS 区刘集镇实验小学	117. 0669	34. 3643
18	XZ 市城东实验小学	117. 3602	34. 2904
19	光荣巷小学（北校区）	117. 1862	34. 2704
20	桃花山小学	117. 2225	34. 2851
21	和平桥中心小学	117. 2081	34. 2612
22	XZ 市云兴小学（城东分校）	117. 2704	34. 2545
23	XZ 化石林旅游景区	117. 1596	34. 2443
24	宝莲寺	117. 2737	34. 2991
25	XZ 吕梁风景区	117. 5325	34. 1555
26	XZ 博物馆	117. 1930	34. 2565
27	金龙湖宕口公园	117. 2864	34. 2679
28	龟山汉墓	117. 1440	34. 3136

续表

序号	地点	经度	纬度
29	XZ 海底世界	117.2007	34.2297
30	QS 森林公园	117.1641	34.2790
31	彭祖园	117.1937	34.2460
32	戏马台	117.1964	34.2604
33	JS 九里湖国家湿地公园	117.1243	34.3330
34	无名山公园	117.1843	34.1852
35	龟山风景区	117.1440	34.3136
36	YL 公园	117.1859	34.2599
37	大洞山风景区	117.5087	34.4036
38	淮海花博园	117.1352	34.3200
39	潘安水镇	117.4034	34.3734
40	淮海战役纪念馆	117.2062	34.2418
41	紫海蓝山薰衣草庄园	117.5773	34.4555
42	观象博物馆	117.2906	34.2127
43	段庄广场	117.1654	34.2692
44	云龙医院	117.2429	34.2529
45	卧龙泉生态博物园	117.3925	34.4884
46	科技广场	117.2048	34.2323
47	白集汉墓	117.4069	34.3980
48	青山公园	117.2274	34.3340
49	颐和汇邻湾	117.1872	34.2629
50	道文化中心	117.1961	34.2542
51	XZ 植物园	117.3707	34.3608
52	放生池（云龙湖）	117.1668	34.2289
53	三胞国际广场	117.2016	34.2293
54	花格里拉休闲观赏园	117.2968	34.3386
55	GL 广场	117.1941	34.2877
56	快哉亭公园	117.2071	34.2738
57	三故胜境牌坊	117.1627	34.2391

续表

序号	地点	经度	纬度
58	牛娃乐	117. 1602	34. 2448
59	茱萸谷彩虹玻璃漂流	117. 5094	34. 4402
60	万科 SOHO 写字楼	117. 1543	34. 2697
61	淮海战役烈士纪念塔园林	117. 2042	34. 2394
62	天主堂	117. 1966	34. 2608
63	XZ 市机关事务管理局	117. 2913	34. 2118
64	XZ 市市政公用事业管理局	117. 1805	34. 2697
65	XZ 市 TS 区财政局	117. 1843	34. 1852
66	XZ 市 GL 区人民政府	117. 1934	34. 2924
67	XZ 市 YL 区人民政府	117. 2578	34. 2602
68	XZ 市 QS 区人民政府	117. 2072	34. 2244
69	XZ 市人民政府	117. 2907	34. 2115
70	XZ 市 JW 区人民政府	117. 4716	34. 4442
71	翟山街道办事处	117. 1999	34. 2159
72	大龙湖街道办事处	117. 2466	34. 2146
73	XZ 市统计局	117. 2907	34. 2115
74	XZ 市 TS 区人民政府	117. 1758	34. 1860
75	XZ 市水务局	117. 2952	34. 2073
76	XZ 市财政局	117. 2907	34. 2115
77	XZ 市体育局	117. 1662	34. 2540
78	XZ 市文化广电和旅游局	117. 2907	34. 2115
79	XZ 海关缉私分局	117. 1982	34. 2752
80	XZ 市 JW 区教育局	117. 4696	34. 4539
……			
248	汉王听泉小镇	117. 0668	34. 3621
249	三盛汝悦未央	117. 1482	34. 3112
250	XZ 途家盛捷服务公寓	117. 1774	34. 2552
251	中南恒通和平府	117. 3401	34. 2720
252	玉带隐居餐饮有限公司	117. 1139	34. 2224

续表

序号	地点	经度	纬度
253	洋房家园小区	117.3915	34.1402
254	佳泰雅园	117.2192	34.2716
255	龙湖奇艳丽天玺	117.1999	34.2159
256	中海·淮海世家	117.1308	34.2726
257	金地时代艺境	117.2958	34.2285
258	融创·工润淮海壹号六樟台	117.1629	34.2823
259	银城青云府	117.1444	34.1838
260	丽格花园	117.2808	34.2808
261	东南·悦湖	117.4529	34.4180
262	海友良品酒店（XZYL 万达广场店）	117.2478	34.2625
263	XZYL 喜来登酒店	117.2011	34.2334
264	XZ 观棠商务酒店	117.2665	34.1599
265	XZ 万达乐家酒店公寓	117.2513	34.2599
266	XZ 爱琴海商务酒店	117.2879	34.2138
267	XZ 舒格主题酒店	117.2069	34.2723
268	名仕雅居商务宾馆	117.2007	34.2515
269	XZ 金佰润商务宾馆	117.1562	34.2677
270	海逸国际大酒店	117.2032	34.2794
271	XZ 云创商务酒店	117.3118	34.2733
272	铜山区尚美快捷宾馆	117.1156	34.3528
273	XZ 馨宝酒店	117.2183	34.2654
274	XZ 旺福楼宾馆	117.1982	34.3025
275	四季大酒店	117.2038	34.2616
276	XZ 悦庭酒店	117.2931	34.2151
277	XZ 九新宾馆	117.1673	34.1899
278	XZ 喜上楼宾馆	117.1761	34.1069
279	XZ 雅泰商务宾馆	117.4010	34.3294
280	XZ 华翼名仁商务酒店	117.1704	34.2757
281	XZ 雅悦宾馆	117.2012	34.2254

续表

序号	地点	经度	纬度
282	XZ 瑞卉商务宾馆	117. 2431	34. 2214
283	XZ 淮海西路亚朵酒店	117. 1721	34. 2697
284	XZ 秀园宾馆	117. 2018	34. 2247
285	XZ 建国东路苏宁广场亚朵酒店	117. 2171	34. 2672
286	XZ 银杏树酒店	117. 3092	34. 2702
287	XZ 铂曼精品酒店	117. 4591	34. 4509
288	XZ 家悦酒店	117. 1650	34. 2667
289	XZ 兰亭西柚精品酒店	117. 3046	34. 2135
290	桐舍酒店（XZ 精品店）	117. 1797	34. 1492
291	XZ 鑫港时尚宾馆	117. 3092	34. 2702
292	XZ 春来商务宾馆	117. 1537	34. 2786
293	XZ 联盟太空舱客栈	117. 1968	34. 2674
294	XZ 陌上云居民宿	117. 0931	34. 2009
295	XZ 泊岸酒店	117. 1384	34. 1962
296	XZ 李静旅店	117. 3154	34. 4442
297	XZ 站	117. 2129	34. 2697
298	XZ 汽车客运南站	117. 2298	34. 2298
299	金驹物流园	117. 2113	34. 3341
300	大成物流园	117. 2349	34. 2077
301	XZ 武珞科技园	117. 4171	34. 4072
302	JW 区电子商务产业园	117. 4656	34. 4569
303	XZ 凯阳科技园	117. 3216	34. 2976
304	淮海大健康产业园	117. 2124	34. 2465
305	中业慧谷智能智造产业园	117. 3994	34. 3952
306	XZ 墨青农业科技有限公司	117. 5734	34. 4340
307	恒盛智谷科技园	117. 3799	34. 3537
308	鲁商产业园	117. 2342	34. 2638
309	XZ 经济技术开发区东风米厂	117. 4137	34. 2760
310	XZ 经济开发区美嘉林火龙果种植场	117. 3260	34. 3501

续表

序号	地点	经度	纬度
311	XZ 市经济开发区润丰种植专业合作社	117.2906	34.2127
312	XZ 经济技术开发区诚意商品混凝土有限公司	117.3048	34.3425
313	淮海经济区法律服务产业园	117.3058	34.2687
314	XZ 经济技术开发区高级中学	117.3621	34.2974
315	XZ 市开发区中学	117.2579	34.2927
316	开发区实验幼儿园	117.2906	34.2127
317	JS 协鑫硅材料科技发展有限公司	117.3269	34.2975
318	XZ 经济技术开发区实验学校	117.2853	34.2830
319	XZ 开发区工业学校	117.3710	34.2705
320	XZ 经济开发区中心医院	117.3642	34.2895
321	XZ 罗特艾德回转支承有限公司	117.2613	34.3159
322	XZ 市开发区中学长安路校区	117.2772	34.3148
323	XZ 经济开发区公安分局警务室	117.2634	34.2930

将表 7-39 的备选网点导入到地图上，如图 7-46 所示；同时将备选网点与需求点分布同时导入到地图上，如图 7-47 所示，可以更直观地看出两者之间的分布。

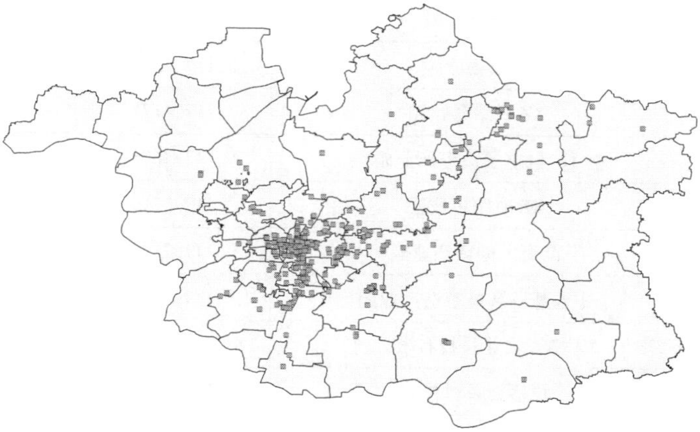

图 7-46　XZ 市备选网点分布

图 7-47 需求点与备选网点布局

7.4.4 计算各需求点与备选网点之间的出行成本

笔者在研究过程中，将需求点 x 与备选网点 y 之间的距离作为衡量出行成本 d_{xy} 的主要指标。依据 338 个需求点和 323 个备选网点的坐标，通过 ArcGIS 10.2 软件中 ArcToolbox 的领域分析模块，计算出不同位点之间的点间距，其中部分点间距见表 7-40（取值取整）。

表 7-40 部分需求点与备选网点之间的点间距

序号	1	2	3	4	5	6	7	8	9	10
1	25568	30615	26727	18564	23826	18086	33161	23418	27343	23270
2	13538	17402	11687	2551	7946	10676	17059	23269	14246	23449
3	24548	20107	20419	28160	22836	32047	13594	46885	22168	47279
4	13170	13148	18957	24356	22420	16411	24908	49023	14052	49176
5	10961	5811	10223	19381	14486	19015	10761	43315	8825	43606
6	22880	18165	19377	27667	22271	30623	13443	47703	20518	48081
7	35680	40845	38778	32087	36853	27637	46178	36468	37892	36209
8	11802	11448	5436	9929	4887	16401	4712	30976	10248	31298
9	1616	3719	6625	12971	10102	9561	13656	38063	1795	38276
10	35429	33021	29255	32256	28671	40556	21497	39956	33388	40423

7.4.5 构建及求解选址模型

（1）确定约束条件

为了进一步可以方便对比且更加直观地看出优化前后的消费者使用共享新能源汽车的加权出行成本及服务效果，本次研究主要是基于 XZ 市 5 个区范围内的现有共享新能源汽车充电网点 57 处（见表 7-41），如图 7-48 所示，假定网点数量保持不变，即 $P=57$。

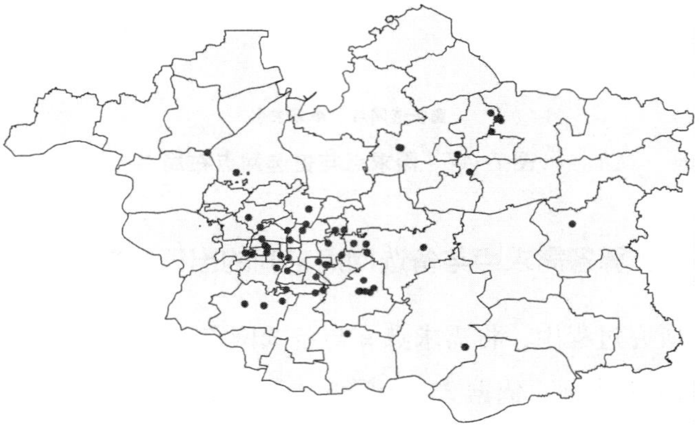

图 7-48　XZ 市现有充电网点

表 7-41　XZ 市区现有充电网点信息

序号	地址	经度	纬度
1	国家电网汽车充电站（彭祖路 1）	117. 1733998	34. 19102117
2	特来电充电站（XZ 喜良缘酒店）	117. 2086822	34. 31666197
3	古渭河服务区国家电网充电站	117. 1292374	34. 30577491
4	星星充电卡车充电站（欣欣路二手车市场）	117. 22701	34. 20612528
5	星星锂电池汽车充电站（不对外开放，XZ 市规划馆）	117. 2757169	34. 20446009
6	月亮充电汽车充电站（XZ 传染病院直流）	117. 2340841	34. 27090774
7	星星充电汽车充电站（XZ 智业物业管理有限公司福源大厦）	117. 1841368	34. 27581689
8	贾汪青山泉服务区国家输电电动汽车充电站	117. 3295531	34. 39805433
9	星星充电汽车充电站（XZ 卡迪亚国际大酒店）（暂停营业）	117. 1530455	34. 25920525
10	国家供电充电站（冠宇公司）	117. 2546496	34. 28878467

续表

序号	地址	经度	纬度
11	特来电充电站（XZ 宜家）	117. 1816817	34. 2520515
12	特来电电池组站（XZ 美的广场）	117. 2935759	34. 20866811
13	特来电电池组站（XZ 正金宾馆）	117. 2302968	34. 24235099
14	特来电电池组站（徐宿汽车南站）	117. 217667	34. 22490412
15	特来电电池组站（XZ 鼓楼风尚路）	117. 1810782	34. 28798225
16	特来电电池组站（XZ 市荣益广场）	117. 1249616	34. 25872497
17	云快充汽车充电站（安彭调试站）	117. 4040853	34. 38871679
18	云快充轿车充电站（JS 开沃 XZ）	117. 1659416	34. 23775346
19	国家电网汽车充电站（彭祖路 2）	117. 1492095	34. 18497926
20	特来电充电站	117. 2335198	34. 24191058
21	星星充电汽车充电站（XZ 德隆大酒店）	117. 2003848	34. 28822784
22	任我充轿车充电站（XZ 汽车客运西站）	117. 1333542	34. 25670773
23	星星充电汽车电池组站（大学路怡和广场）	117. 1241767	34. 18746297
24	云快充轿车充电站（水漫桥路西产业园）	117. 1467993	34. 27703664
25	特斯拉超级电源站（XZ 市淮海环球港）	117. 2674756	34. 27052419
26	星星锂电池汽车充电站（XZ 拾屯中石化）	117. 0754151	34. 39245536
27	月亮充电汽车充电站（贾汪恒润恒太城）	117. 4480358	34. 44425556
28	星星锂电池汽车充电站（半山假日酒店直流 2）	117. 1804809	34. 2337976
29	云快充轿车充电站（XZ 市云龙区正金宾馆）	117. 2313114	34. 24141564
30	象前充轿车充电站（象前充 JS 车电网园区）	117. 3586501	34. 26528003
31	保时捷汽车电源站（XZ 保时捷中心充电站）	117. 2431566	34. 28818918
32	星星充电汽车充电站（和平路希尔顿花园酒店）	117. 2517335	34. 25544518
33	汽车锂电池站（XZ 贾汪吾悦广场小鹏超充站）	117. 4489403	34. 4193793
34	月亮充电汽车充电站（不对外开放，XZ 绿地翠庭小区）	117. 2801217	34. 21999432
35	开迈斯轿车充电站（XZ 市金茂一汽大众 4S 店站）	117. 1510168	34. 26848817
36	古黄河服务区国家电网电动小汽车充电站	117. 4137626	34. 12834282
37	星星充电卡车充电站（XZ 淮海国际跨境电商产业园）	117. 2833635	34. 26971827
38	月亮充电汽车充电站（XZ 传染病院直流）	117. 419955	34. 36522621
39	星星充电汽车充电站（不对外开放，XZ 药监督局）（暂停营业）	117. 2885649	34. 20255221
40	国家供电充电站（JS 省 XZ 市铜山区棠张镇政府广场）	117. 2585754	34. 14617595
41	月亮充电（供应商）汽车充电站	117. 1785735	34. 20685475

续表

序号	地址	经度	纬度
42	星星充电汽车电池组站（吉田千翔物业服务中心 XZ 云龙区吉田广场）	117.2737337	34.20391356
43	星星汽车充电站（贾汪区财政大楼 60 kW）（暂停营业）	117.4609768	34.43440734
44	星星充电汽车充电站（不对外开放，XZ 广播电视传媒集团）	117.1709679	34.25551296
45	星星充电汽车充电站（XZ 格林豪泰酒店红星美凯龙店）	117.2050037	34.2964225
46	星星充电汽车充电站（尚城国际 2）（暂停营业）	117.154176	34.26510567
47	摩托车充电站（开迈斯充电站 XZ 市博洋一汽大众 4S 店直流站）	117.1443671	34.2928277
48	月亮充电汽车充电站（不对外开放，水利部淮委沂沭泗水利管理局）	117.2821725	34.20428763
49	星星充电汽车充电站（XZ 万帮星冉新能源汽车销售服务有限公司）	117.2167118	34.20234635
50	月亮充电汽车充电站（XZ 经济开发区东贺振兴宾馆格林豪泰南停车场）	117.2847381	34.25870263
51	星星锂电池汽车充电站（XZ 绿洲物业管理有限公司地王大厦）	117.2210132	34.24642432
52	国家电网汽车充电站（JS 省 XZ 市铜山区三堡镇嘉乐园充电站）	117.4129941	34.12809645
53	星星充电汽车充电站（不对外开放，XZ 市贾汪区政府）（暂停营业）	117.4592441	34.43778164
54	国家电网汽车充电站（JS 省 XZ 市铜山区柳新镇唐毛路充电站）	117.1135732	34.36586968
55	国家电网卡车充电站（JS 省 XZ 市贾汪区群众文化活动中心充电站）	117.4558576	34.43660844
56	国家电网汽车充电站（JS 省 XZ 市铜山区大许镇同心文化广场充电站）	117.5539005	34.29557497
57	贾汪青山泉服务区国家电网电动汽车充电站	117.3275263	34.39857884

（2）计算 P 中值模型

依据前期已经确定的各点共享新能源需求量 D_x、消费者到达部分备选网点的出行距离 d_{xy}、建设网点数量 P，按照式（6.1）至式（6.6），从而成功地构建出共享新能源汽车在 XZ 市以不同的需求人口数量等多个因素综合考虑后的充电桩以及停车位备选网点的选址模型。其求解过程如下：

首先在 Matlab 中完成对 yalmip 求解工具箱的调用，完成后再使用 yalmip 在 Matlab 软件中的模型构建，调用 CPLEX 12.8 优化求解器完成对 P 中值模型的求解与优化工作。为了尽可能地得到优化的结果，研究采用多次求解的方法，经过多次比对以及综合考虑，最终计算出充电设施在 XZ 市范围内的最优布局方案（见图 7-49）。部分优化后备选网点选择情况如表 7-42 所示，部分选址点对应的需求点信息见表 7-43。

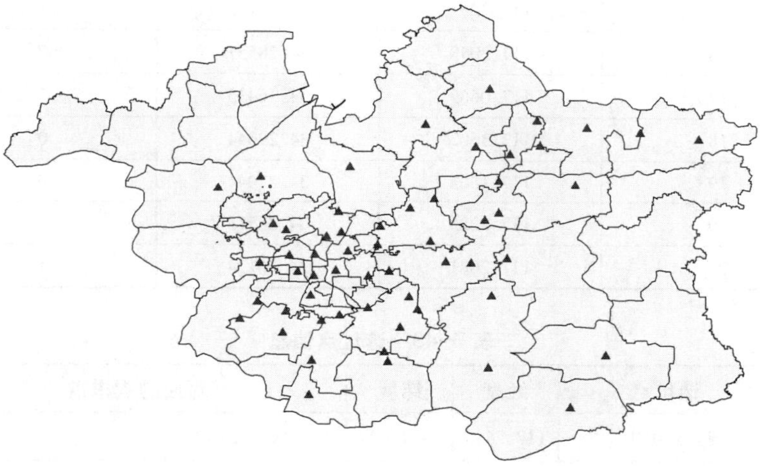

▲优化后充电网点

图 7-49　优化后的 XZ 市网点分布

表 7-42　部分备选网点选择情况

备选网点	经度	纬度	是否选中
1	117.2002	34.20565	0
2	117.1446	34.21294	0
3	117.1888	34.26228	0
4	117.2268	34.2862	0
5	117.2855	34.19027	1
6	117.1327	34.31849	1
7	117.4814	34.44002	0
8	117.1797	34.21874	0
9	117.4862	34.43857	0

续表

备选网点	经度	纬度	是否选中
10	117.2127	34.20564	1
11	117.3054	34.26186	0
12	117.1891	34.23917	0
13	117.1947	34.20673	0
14	117.2399	34.29688	0
15	117.225	34.39169	1
16	117.2058	34.28557	0
17	117.0669	34.36435	1
18	117.3602	34.29044	0
19	117.1862	34.2704	0
20	117.2225	34.28513	1
21	117.2081	34.26124	1

表 7-43 选址点信息

序号	选址点	经度	纬度	对应的需求点
5	撷秀初级中学	117.2855	34.19027	17，147，226
6	JS 省 XZ 市九里中学	117.1327	34.31849	36，76，142，300
10	XZ 培栋实验学校	117.2127	34.20564	47，63，190
15	铜山区城北实验学校	117.225	34.39169	38，81，84，111，114，126，185，207，220，283，287，302，326
17	XZ 市 TS 区刘集镇实验小学	117.0669	34.36435	3，6，16，26，33，35，39，40，49，66，87，101，107，110，128，159，165，170，171，197，198，222，236，237，240，241，258，269，274，281，303，309，315，317，322
20	桃花山小学	117.2225	34.28513	91
21	和平桥中心小学	117.2081	34.26124	318
25	XZ 吕梁风景区	117.5325	34.15553	7，19，34，43，45，61，69，72，86，88，108，125，131，133，141，148，151，156，193，200，202，208，211，215，245，250，252，254，263，266，272，330，335

续表

序号	选址点	经度	纬度	对应的需求点
39	潘安水镇	117.4034	34.37336	90，186，187，
45	卧龙泉生态博物园	117.3925	34.4884	50，78，89，116，136，155，169，173，205，233，239，248，249，291
54	花格里拉休闲观赏园	117.2968	34.33862	79，157，192
59	茱萸彩虹玻璃漂流	117.5094	34.44016	214，289，308
72	大龙湖街道办事处	117.2466	34.21463	56，328
81	XZ 市解台闸管理处	117.3872	34.32363	70，307
88	紫庄镇人民政府	117.4956	34.36827	57，62，83，95，98，123，144，172，189，199，238，244，257，270，273，325，331，332，337
97	丰县房产管理局	117.1166	34.27074	21，85，124，137，145，234，235，311
108	旭升商场	117.4901	34.09134	92，94，102，106，168，181，191，212，247，260，282，292，319
112	百大购物广场	117.4492	34.44923	82，180，213，293，333
117	美的广场	117.306	34.21305	58，59，134，304
118	润家福购物广场	117.6432	34.42649	11，20，24，52，67，71，93，113，119，163，178，196，201，216，219，288，310
124	万科新淮中心	117.2717	34.26039	255
125	大丰·壹方城	117.1483	34.21005	115，138
129	大吴商城	117.4036	34.33277	29，174，261，286
137	星宿生活广场	117.1522	34.27987	166
142	世纪华联购物中心（贾柳线）	117.3759	34.41662	48，60，149，177，275
162	棠张镇社区卫生服务中心	117.2705	34.14789	37，41，51，68，109，210，218，231，294，
173	魏集卫生院	117.3951	34.22999	1，129，146，167，188，268，290
182	泉山区泉山社区卫生服务中心	117.1818	34.25493	117
185	泉山区湖滨社区卫生服务中心	117.1624	34.26	221

续表

序号	选址点	经度	纬度	对应的需求点
188	鼓楼区铜沛社区卫生服务中心	117. 1834	34. 28065	122
211	和平门诊（夹河西街）	117. 1969	34. 30324	8
213	铜山街道樵村社区卫生服务站	117. 1909	34. 19854	9，306
214	XZ 医科大学附属机构医院恒康分院	117. 1783	34. 23061	64
217	鼓楼区殷庄社区卫生服务站	117. 2148	34. 30844	320
240	冯庄停车场	117. 1174	34. 37892	10，28，30，73，77，118，127，132，140，154，158，194，204，265，280，284，296，298，314，329，334，336
242	XZ 市云龙区骆驼山街道民祥园社区居民委员会	117. 247	34. 25433	164
249	三盛汝悦未央	117. 1482	34. 31122	271
251	中南恒通和平府	117. 3401	34. 272	182，229，230
252	玉带隐居餐饮有限公司	117. 1139	34. 22239	5，25，112
253	洋房家园小区	117. 3915	34. 14016	13，14，18，31，53，96，105，120，195，224，242，259，295，297，323
257	金地时代艺境	117. 2958	34. 2285	176，313
259	银城青云府	117. 1444	34. 18384	15，75，267
261	东南·悦湖	117. 4529	34. 41805	203，305
264	XZ 观棠商务酒店	117. 2665	34. 15986	321
278	XZ 喜上楼宾馆	117. 1761	34. 1069	4，100，135，161，175，243，338
290	桐舍酒店（XZ 精品店）	117. 1797	34. 14922	160，206，277
294	XZ 陌上云居民宿	117. 0931	34. 20094	27，44，103，139，153，183
296	XZ 李静旅店	117. 3154	34. 44418	54，65，74，99，209，223，246，264，276，278，316，327

续表

序号	选址点	经度	纬度	对应的需求点
299	金驹物流园	117.2113	34.33413	12，80，150
301	XZ 武珞科技园	117.4171	34.40721	32，228，279
303	XZ 凯阳科技园	117.3216	34.29763	2，97，130
306	XZ 墨青农业科技有限公司	117.5734	34.43401	121，152，184，217，227，256
309	XZ 经济技术开发区东风米厂	117.4137	34.27598	42，46，104，162，232，251，262，301
310	XZ 经济开发区美嘉林火龙果种植场	117.326	34.35013	23，143，299，324
315	XZ 市开发区中学	117.2579	34.29271	22，253
319	XZ 开发区工业学校	117.371	34.27048	55，225
321	XZ 罗特艾德回转支承有限公司	117.2613	34.31591	179，285，312

7.4.6 结果分析

根据 XZ 市范围内原有的 57 处共享新能源汽车网点的地理信息坐标以及通过模型的构建计算可以得出结果，在优化前，消费者到达目前所存在的备选网点的总加权出行成本为 5339400000 米，即 $Z_{前}=5339400000$。通过优化后的计算结果我们可以得到，优化现有的网点布局后的总加权出行成本为 4074900000 米，即 $Z_{后}=4074900000$。对比发现，在保持现有的充电桩数目不变的情况下，优化前后加权成本相差 1264500000 米。对比分析优化前后的共享新能源汽车在 XZ 市的空间布局，如图 7-50、图 7-51 所示，以及消费者的加权出行成本，得出优化后的共享新能源汽车布局方案的特点为：

①从宏观角度分析可知，共享新能源汽车充电桩的空间布局在优化后更加具有科学性。相较于优化前，共享新能源汽车选址点存在在部分区域过度集中的现象，优化后的布局方案将具有服务范围更大的功能，从而可

以方便为数量更多的消费者提供更全面的服务。优化后的充电布局方案的突出特点是：可以使消费者在使用共享新能源汽车后到达更多的地点，同时也可以使得优化的共享新能源汽车的备选网点为原本不在服务范围内的消费者提供优质的服务。另外，优化后的新型布局方案也将更加有利于共享新能源汽车在未来继续打开更为广阔的消费市场以及不断地扩大企业的服务范围。

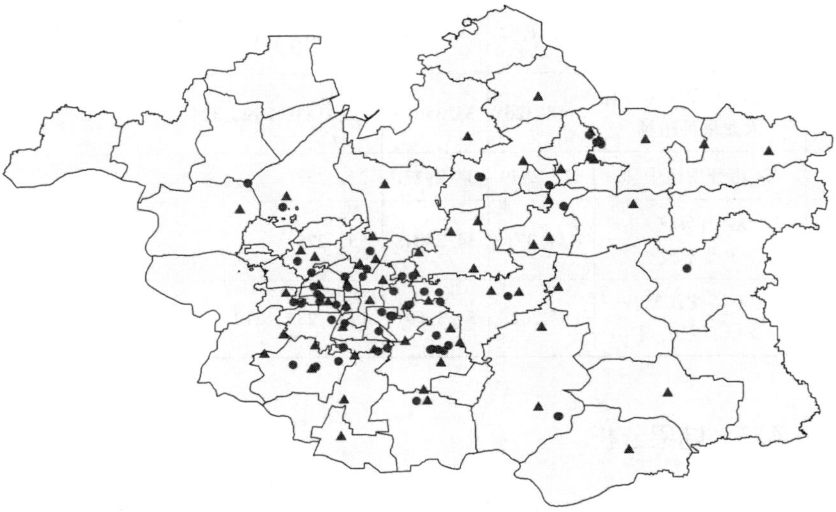

图 7-50 XZ 市网点优化前后对比

②消费者到达共享新能源汽车的停放点将更加方便与快捷。优化后的共享新能源汽车的备选网点方案经过模型计算得到其消费者的总加权出行成本减少了 1264500000 米，数据表明，处于 XZ 市范围内的所有消费者到达各个新能源汽车停放点的出行成本明显减低。由最终的计算结果可以得知，由于 XZ 市 5 个区的目标出行人数共有 1354527 人，出行总成本减少了 1264500000 米，因此人均出行距离减少 933.54 米，按照人的平均步行速度为 5.2 千米/小时来计算，相当于缩短了约 11 分钟步行时间。此外，优化后的布局方案让消费者面临出行用车需求时，能更加便利地寻找到共享新能源汽车。

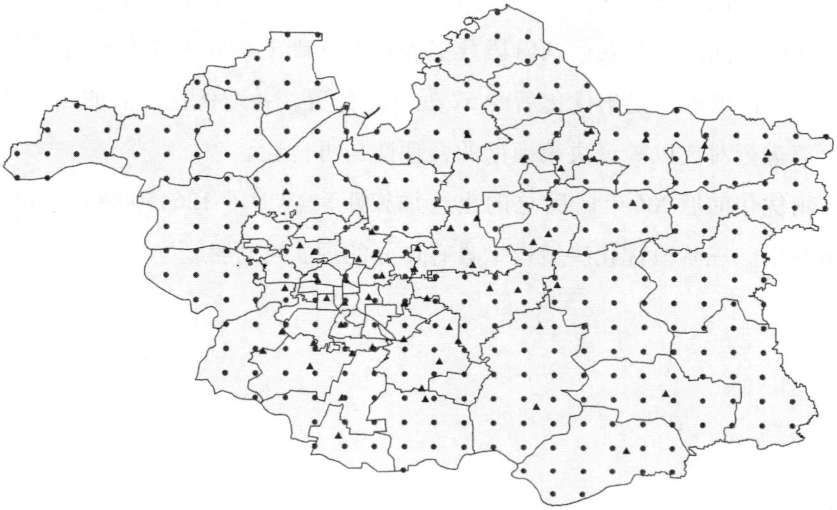

●需求点布局 ▲优化后选点布局

图 7-51 XZ 市含需求点的优化后选址网点布局

7.5 本章小结

为了验证本次研究所提出的三阶段优化决策模型的实际应用效果，本章以 XZ 市（5 个主城区）为研究区域，采用“需求预测—备选网点筛选—模型构建与求解”三阶段决策方法，深入详细地研究共享新能源汽车在 XZ 市范围的备选网点分布方案模型构建以及求解问题。

第一阶段：确定需求点与需求量。根据 GL 区、YL 区、TS 区、JW 区、QS 区 5 个区的土地面积与日常居民出行范围大小，将其划分为 338 个需求点，并结合问卷调查数据以及各个街道人口数量计算各需求点的需求量。

第二阶段：综合考虑政策因素、地理因素与交通因素，在 XZ 市内筛选符合政策导向且用户活动频率较高、人流量较大的 326 个场所作为备选网点。

第三阶段：在需求点、备选网点确定的基础上计算各需求点与各备选网点之间的间距，并在前两阶段数据齐备的基础上构建 P 中值模型并使用 Matlab 软件求解，得出优化后的 57 处网点位置，并对优化前后的出行加权总距离进行对比以验证决策模型的合理性与可行性。

由优化前后 XZ 市居民总的出行加权距离减少了 1264500000 米可知，本书提出的三阶段优化决策模型具有良好的现实可行性。

8

研究结论与建议

8.1 研究结论

随着我国经济的高速发展，全国汽车保有量日益增加带来的环境污染问题与资源浪费问题成为我国可持续发展的阻碍。共享新能源汽车不仅可以帮助节省土地资源、实现节能减排的“双碳”目标，同时还有利于缓解城市交通拥堵、提高交通效率、惠及用户、方便绿色出行。普及共享新能源汽车是未来长远的发展趋势，由此而带来的城市共享新能源汽车选址问题便十分重要。本研究在对以往研究回顾梳理的基础上提出了基于“公共物品—利益相关者”视角的“政府—企业—用户”（“G-B-U”）理论分析框架，对政府、企业、用户三者在共享新能源汽车选址过程中发挥的作用进行了深入探讨，得出为了使整个社会福利最大化，作为准公共物品的共享新能源汽车应在政府引导下以满足用户需求为目标进行规划选址的结论，并在该结论基础上识别影响共享新能源汽车选址的关键因素，构建了基于用户出行方便、用户总出行距离最短、用车路程成本最小的多目标城市共享新能源汽车选址模型和网点布局优化方案，并以 XZ 市为例进行模型可行性的验证。具体结论如下：

（1）构建了“利益相关者—准公共物品视角”的“G-B-U”理论分析框架

本研究从利益相关者角度出发，在对经典文献进行梳理的基础上，对共享新能源汽车的利益相关者进行分析并由此推导出影响共享新能源汽车布局与发展的三大核心利益相关者——政府、用户与企业。此外，本研究从共享新能源汽车的产品属性出发，以准公共物品理论为基础，指出由于共享新能源汽车的不可分割性、有限竞争性与非排他性，可以判定共享新能源汽车是准公共物品。在理论分析的基础上，本研究提出了城市共享新能源汽车选址的“G-B-U”分析框架，认为城市共享新能源汽车的整体产业布局规划应当由政府制定，作为城市交通基础设施的一部分，共享新能源汽车的选址应当在政府的规划与引导下进行，从而配合城市其他交通设施共同发挥作用，提高城市间交通效率与效益，推动城市的建设与发展。因此政府在共享新能源汽车的布局中主要起到主导、协调与监督的作用。企业作为共享新能源汽车的供给方、资产的拥有者与政府的代理方，在政府的统筹规划下进行运营，主要目的是从中获利，是共享新能源汽车布局的直接责任方。用户作为共享新能源汽车服务的终端，是共享新能源汽车是否能实现可持续健康发展的决定者，作为市场中的重要组成部分，用户的使用行为预测着行业的发展状况。因此，本研究提出的“G-B-U”理论分析框架对于共享新能源汽车的选址布局发挥着重要的理论引导作用。

（2）分析并梳理了三大主体维度的城市共享新能源汽车选址影响因素

在“G-B-U”三角理论分析框架下，基于三大核心利益相关者特征，构建了城市共享新能源汽车选址影响因素分析体系，具体如下：

政府层面：本研究从发展规划、城市交通、区位特征以及政策规制 4 个角度分析政府主导因素，认为普及共享新能源汽车符合时代需求，其节能减排的特质与国家制定的“双碳”目标相一致，与城市规划及未来城市交通需求相合，是城市未来发展的必然趋势。同时，在城市的区位特征与政府政策规制的双重影响下，共享新能源汽车网点布局的备选位置有了一定的范围限制，居民社区、医院、城市交通枢纽、居民办公区等地都是网点布局应当重点考虑的位置。

企业层面：本研究从企业成本、企业收益以及拥挤临界点 3 个维度进行了系统分析。重资产、重资源、重运营、低效率的行业特点决定了相关企业的投入成本较高，而企业收益主要依靠汽车租金。单一的收入来源使得企业如果想要盈利，就必须提高共享新能源汽车的使用频率，采取措施激励用户持续使用。同时，拥挤临界点的存在则决定了企业在城市投放共享新能源汽车的数量。由于共享新能源汽车的使用者是共享新能源汽车的服务对象，决定了相关企业与行业发展的速度，因此提升用户使用、增强用户满意度、提升服务质量是相关企业必须考虑的问题。

用户层面：使用便利性、用户出行特性、用户主观意识、客观环境与社会人口统计变量是影响用户需求的重要因素。

本研究从个人访谈与文献回顾中总结得出 5 点影响用户对共享新能源汽车需求的主要范畴——使用便利性、用户出行特性、用户主观意识、客观环境与社会人口统计变量。使用便利性包含租还便利性、公共交通替代性与私家车的替代性等方面；用户出行特性包含用户的出行目的地、出行里程、时间、规模等方面；用户主观意识是指用户对于使用风险、卫生与环保的感知；客观环境是指天气情况、疫情情况对用户选择的影响；社会人口统计学变量是指学历、年龄、收入、性别等与用户相关的特征对用户需求的影响。以上 5 个范畴的变量都是影响用户需求的因素。

（3）分析了 XZ 市共享新能源汽车扩散的关键影响因素

分布不均衡、网点太少、网点汽车供给数量不多、便利程度低是影响 XZ 市共享新能源汽车扩散的主要原因。在对 XZ 市居民出行调查的问卷中发现，在 395 位被调查者中，82.53%的被试者从未有过共享新能源汽车出行的经历。在 69 位有过使用经历的被试者中，只有 8.70%的被试者使用频率高，36.23%的被试者使用频率非常低。这一结果表明共享新能源汽车的推广还有很大的提升空间，用户的初次使用率低、使用频率低，通过对其原因进行分析可知共享新能源汽车网点分布不均衡、网点分布不合理、数量不多、不如其他交通方式便利是影响其扩散的主要原因，这一结论也正是本研究的意义与价值所在——如何通过合理规划选址，让用户可以更加便利地使用车辆，增加其使用的便利性从而提升共享新能源汽车的使用率。

（4）使用经历是影响 XZ 市居民未来使用意愿的关键因素

根据 XZ 市居民出行深度调研发现，有过共享新能源汽车使用经历的被试者中，未来愿意使用共享新能源汽车的占比（47.83%）远高于无共享新能源汽车使用经历的被试者（32.21%）；未来坚定不采用的样本中，无共享新能源汽车使用经历的用户占比是有使用经历样本的 2 倍多。这一结果表明，良好的共享新能源汽车使用体验感显著影响未来使用意愿。此外，在未来出行频率的预测上，有过共享新能源汽车出行经历的样本未来频繁使用的占比（27.54%）是无共享新能源汽车出行经历（11.35%）的2.4倍。

进一步做对比分析发现，具有共享新能源汽车使用经历的被试者，其未来使用意愿与低碳环保、出行成本、租还便利性、出行紧迫性、出行舒适度、疫情显著正相关，与出行私密性、使用风险、天气、出行规模相关性不显著；对于无共享新能源汽车出行经历的被试者而言，其未来使用意愿与出行成本、出行舒适度显著相关，与低碳环保、租还便利性、使用风险、天气等因素无明显相关性。

（5）构建了城市共享新能源汽车市场需求预测模型

本研究基于社会人口统计变量和用户意愿两个维度，特别是共享新能源汽车使用经历对后续使用意愿的影响关系和比例构建了城市共享新能源汽车市场需求预测模型。需求预测分为两步：①确定需求点：在明确研究范围的基础上，以当地居民日常出行平均距离水平为依据划分最小研究单位，并以研究单位的几何中心为需求点，将研究区域由面转变为点，以便后续数理处理。②确定需求量：根据人口信息、行政区划与地方统计年鉴等客观数据，结合对研究范围的实地调查数据进行计算，确定需求点的需求量。备选网点筛选是将人口密集、流动量较大、相应交通便利程度有待改善的地点设置为潜在的选址点。

（6）构建了三阶段城市共享新能源汽车网点优化选址模型

在市场需求预测模型的基础上，构建了“市场需求预测—备选网点筛选—选址模型求解”的三阶段选址优化模型，利用Matlab软件构建优化模型并进行求解。为了验证三阶段选址优化模型的科学性与合理性，本研究以XZ市为例进行算法研究：在未优化前现有的XZ市57个布局点条件下，用户的总出行距离加权成本为5339400000米；而在优化后的57个选址布局条件下，用户的总出行距离加权成本为4074900000米，即共节省总出行距离加权成本1264500000米。

8.2 对策建议

由本研究成果可知，发展城市共享新能源汽车是建设资源节约型、环境友好型社会的有效助力。合理科学的共享新能源汽车选址将有效缓解城市交通拥堵问题，有助于提高城市交通效率，使城市焕发活力，同时也有利于居民更加便捷地出行。减少城市能源消耗与“双碳”目标相一致，符合时代发展的趋势，同时社会资源的高效利用与转化可减少闲置资源的浪费。产业带动就业，共享新能源汽车的快速布局也有助于新型岗位的产生，为当地带来更多的就业资源。如何合理进行共享新能源汽车选址是本研究挖掘的重点，根据研究结论提出如下对策建议：

（1）政府应当发挥主导作用，加强监管，完善法律，引导城市共享新能源汽车发展的同时保障人们的利益

政府在城市共享新能源汽车的发展中发挥着主导作用，政府可以在政策与城市发展规划的基础上对城市共享新能源汽车产业进行布局，协调土地与资金资源引导相应企业发展。由于共享新能源汽车行业出现时间较短，相应的法律法规还未完善，政府应尽快根据发展现状制定相应的监管与规划方案，协助企业合理合法规范发展。此外，现有市场中共享新能源汽车的使用模式大多是用户通过下载 App，注册个人信息，交押金后扫码使用，但这一过程中可能涉及个人隐私泄露等隐私安全问题，这一问题也是阻碍部分用户使用的原因。政府相关部门应对此进行严格监管，保障用户的信息安全。同时，相关部门应对共享新能源汽车的停放进行监管，防止出现乱停乱放、占用车道的不文明现象。相关部门还应加强对押金与租车定价方面的监管，让消费者可以顺利申请退还押金且用车价格合理，保障用户无后顾之忧地使用共享新能源汽车。

（2）增加共享新能源汽车的借还车点，根据不同区域需求量的大小合理分配数量

城市共享新能源汽车的选址布局与数量分配问题应当受到政府与企业

的重视，避免需求量大的地方车辆不够用或者借还车不方便，而需求量相应较少的地方数量分配多且划分土地面积大。这样一来，共享新能源汽车带有的资源节约属性便没有发挥作用，反而造成变相资源浪费，完全实现物尽其用则需要政府的协调与企业的配合。

（3）选址前企业应做好市场调查工作

合理的选址离不开详细的市场调查信息。企业在进行选址布局前，应当对布局区域的学校、旅游景区、机关事业单位、大型购物广场、医院、居民社区、工业园区、大型商务酒店等居民活动频率较高的地点进行筛选以确定备选网点的位置，并尽可能地了解备选区域的详细信息，对网点辐射区域内的居民人数、使用频率等信息有所掌握以确定该网点的需求量。同时，为了降低建设与运营成本，企业应对每一合适备选网点的成本进行预估，挑选最合适的建设地点。

（4）企业可以采取不同措施提升用户的初次使用率

如本研究结论所示，共享新能源汽车使用经历与被试者未来使用意愿联系密切，有过共享新能源汽车使用经历的被试者中，未来使用意愿较强烈的用户占比远高于无使用经历的被试者。因此，鼓励用户的初次使用对于共享新能源汽车的长远发展十分重要。企业可采取发放优惠券、初次使用减免体验券、减免押金等方式激励更多用户使用，培养用户的使用习惯，刺激用户形成长期使用行为，将部分无使用经历的用户转化为企业未来可能的长期客户。

（5）政企合作，加强宣传

共享新能源汽车普及有助于城市的可持续发展，因此，政府应协助企业宣传与推广共享新能源汽车，可通过加强宣传、制定补贴政策等方式吸引更多用户使用。同时，要加强对公民的教育引导，文明使用，文明停放，共建绿色文明城市。

8.3 研究局限性

本研究的局限性体现在以下方面：

（1）对于共享新能源汽车相关独立企业的成本考虑不足

本书认为共享新能源汽车具有准公共物品属性，其发展以政府为主导，同时考虑到相关企业的收益主要来源于用户租车支付的租金，因此，对于共享新能源汽车行业而言，用户数量越多，用户使用频率越高，对于城市的绿色发展越有益，且企业可获取的收益也越高。在深度访谈与问卷调查后得知，出行便利度与出行成本等因素较大程度上影响用户选择共享新能源汽车。因此，本书将规划目标确定为最大化用户效用，减少用户出行成本。布局时将城市整体规划与满足用户的需求、方便用户的出行放在首位。共享新能源汽车的准公共物品属性决定了其在城市的发展必须依赖政府引导，政府在城市规划中首要任务是合理支配资源以实现城市可持续发展，对于企业的指导更多是从城市需要与用户需要出发，对整个行业进行引导，因此本研究侧重于考虑城市整体规划与用户出行需求，对于共享新能源汽车相关独立企业的成本考量不足。

（2）本书仅考虑选址问题，未考虑分配以及不同动力源新能源汽车选址差异问题

目前新能源汽车行业已出现了仅更换电池以蓄电而非以往依赖于充电桩的模式（如上海奥动新能源换电站），充换电效率更高，车辆利用时间更长，资源利用更充分，同时减少充电桩的建设有利于企业节约成本，避免产生更多的“僵尸桩”。由此可见，电池换电站是未来新能源汽车充换电的发展方向之一，也是共享新能源汽车行业未来更可能采取的模式，因此，本研究并未充分考虑充电桩的分配与分布，仅考虑了网点选址布局。

同时，虽然我国目前上市的新能源汽车主要以电动汽车为主，但仍然有依靠其他动力源的新能源汽车，本研究仅仅以新能源电动汽车作为研究对象，并未考虑其他动力源以及不同的电源形式的新能源汽车选址的差异问题。

（3）本研究提出的三阶段选址模型对于第一阶段的市场需求预测信息的依赖程度较高

本书提出的三阶段选址模型的求解十分依赖第一阶段的市场需求预测。而调研结果可能存在的误差则会影响到对该研究区域的市场需求量计算进而影响到整体优化求解的结果。

参 考 文 献

［1］习近平．不断做强做优做大我国数字经济［J］．求是，2022（2）：5-7.

［2］Felson M，Spaeth J L. Community structure and collaborative consumption：A routine activity approach［J］. American Behavioral Scientist，1978，21（4）：614-624.

［3］张和平．双碳背景下新能源技术发展现状及展望［J/OL］．现代化工，2022，42（8）：7-9.

［4］卢婷，黄靖，姜文．共享新能源汽车网点选址模型构建——以武汉市洪山区为例［J］．交通运输研究，2017，3（4）：8-15.

［5］吕通，史乐峰．考虑网络效应的共享新能源汽车租赁网络扩展分析［J］．科技管理研究，2018，38（9）：198-210.

［6］Boyaci B，Zografos K G，Geroliminis N. An optimization framework for the development of efficient one-way car-sharing systems［J］. European Journal of Operational Research，2015，240（3）：718-733.

［7］张圆，邓院昌．基于 Logit 模型的共享新能源汽车出行影响因素分析［J］．科学技术与工程，2019，19（4）：254-258.

［8］霍月英，郭晨，朱援，等．共享自动驾驶汽车使用意愿模型及其影响因素［J］．东北大学学报（自然科学版），2021，42（7）：1057-1064.

［9］刘子先，李晓鹏．多因素 P-median 下对电动出租车充电站的选址研究［J］．工业工程与管理，2013，18（6）：1-6.

［10］Aksen D，Aras N，Piyade N. A bilevel p-median model for the planning and protection of critical facilities［J］. Journal of Heuristics，2013，

19（2）：373-398.

［11］彭华．中国新能源汽车产业发展及空间布局研究［D］．长春：吉林大学，2019.

［12］Jaiswal D，Kaushal V，Kant R，et al. Consumer adoption intention for electric vehicles：Insights and evidence from Indian sustainable transportation［J］．Technological Forecasting and Social Change，2021（173）：121089.

［13］Shaheen S A，Martin E. Demand for carsharing systems in Beijing，China：An exploratory study［J］．International Journal of Sustainable Transportation，2010，4（1）：41-55.

［14］张荣花，赵磊，王文斌，等．共享新能源汽车选择行为影响因素分析［J］．公路交通科技，2022，39（3）：143-151.

［15］余静财，李文权，王顺超，等．共享电动汽车选择行为分析［J］．东南大学学报（自然科学版），2021，51（1）：153-160.

［16］Sun X H，Yamamoto T，Morikawa T. Fast-charging station choice behavior among battery electric vehicle users［J］．Transportation Research Part D：Transport and Environment，2016（46）：26-39.

［17］纪少波，李洋，李萌，等．纯电动共享新能源汽车驾驶行为对能耗的影响［J］．吉林大学学报（工学版），2022，52（4）：754-763.

［18］李晓娟，刘晶鑫，霍月英，等．基于电力损耗预测的共享纯电动汽车路径优化方法［J］．公路交通科技，2021，38（4）：103-111.

［19］Shaheen S A，Cohen A P. Carsharing and personal vehicle services：Worldwide market developments and emerging trends［J］．International Journal of Sustainable Transportation，2013，7（1）：5-34.

［20］Winter K，Cats O，Martens K，et al. Parking space for shared automated vehicles：How less can be more［J］．Transportation Research Part A：Policy and Practice，2021（143）：61-77.

［21］Kumar R R，Chakraborty A，Mandal P. Promoting electric vehicle adoption：Who should invest in charging infrastructure？［J］．Transportation Research Part E：Logistics and Transportation Review，2021（149）：102295.

[22] Pucci P. Spatial dimensions of electric mobility—scenarios for efficient and fair diffusion of electric vehicles in the Milan Urban Region [J]. Cities, 2021 (110): 103069.

[23] 李嫚嫚，杨京帅，赵建有，等．基于不确定需求的电动汽车共享系统规划方法 [J]. 交通运输系统工程与信息，2021，21 (6)：17-24.

[24] 李牧南，黄槿．我国当前共享经济发展障碍与相关政策启示 [J]. 科技管理研究，2020，40 (8)：237-242.

[25] 姬杨蓓蓓，陈欣萌，成枫．考虑排放成本的共享电动汽车和共享停车位最优组合定价研究 [J]. 管理工程学报，2022，36 (1)：134-145.

[26] 曹可心，邓羽．城市共享新能源汽车分布的时空演变及影响因素研究——以北京市主城区为例 [J]. 地理科学，2021，41 (10)：1792-1801.

[27] 仝德，周心灿，龚咏喜．基于大数据的上海市共享新能源汽车出行模式研究 [J]. 地理科学进展，2021，40 (12)：2035-2047.

[28] 汪洋，汤宽武，赖科星，等．基于动态随机规划的共享电动汽车充电站规划 [J/OL]. 电网技术，2022，46 (9)：3485-3499.

[29] Worley O, Klabjan D, Sweda T M. Simultaneous vehicle routing and charging station siting for commercial electric vehicles [C] // International Electric Vehicle Conference. IEEE, 2012: 1-3.

[30] 黄振森，杨珺．考虑服务容量的充电站选址问题 [J]. 工业工程与管理，2015，20 (5)：111-118.

[31] 李永竞，裴文卉．基于多源数据的充电站三阶段选址优化决策 [J/OL]. 控制工程，2023，4 (18)：1-10.

[32] Mirzaei M J, Kazemi A. A dynamic approach to optimal planning of electric vehicle parking lots [J]. Sustainable Energy, Grids and Networks, 2020 (24): 100404.

[33] Li X, Ma J, Cui J, et al. Design framework of large-scale one-way electric vehicle sharing systems: A continuum approximation model [J]. Trans-

portation Research Part B：Methodological，2016（88）：21-45.

［34］Zhu Z H，Gao Z Y，Zheng J F，et al. Charging station location problem of plug-in electric vehicles［J］. Journal of Transport Geography，2016（52）：11-22.

［35］陈征，肖湘宁，路欣怡，等. 含光伏发电系统的电动汽车充电站多目标容量优化配置方法［J］. 电工技术学报，2013，28（6）：238-248.

［36］Liu Z，Wen F，Ledwich G. Optimal planning of electric-vehicle charging stations in distribution systems［J］. IEEE Transactions on Power Delivery，2012，28（1）：102-110.

［37］Kazemi M A，Sedighizadeh M，Mirzaei M J，et al. Optimal siting and sizing of distribution system operator owned EV parking lots［J］. Applied Energy，2016（179）：1176-1184.

［38］陈静鹏，艾芊，肖斐. 基于用户出行需求的电动汽车充电站规划［J］. 电力自动化设备，2016，36（6）：34-39.

［39］邵赛，关伟，毕军. 考虑排队时间和里程约束的竞争充电站选址问题［J］. 交通运输系统工程与信息，2016，16（6）：169-175.

［40］陈振，王伟贤，李卓群，等. 基于多因子约束 P 中值模型的充电桩布局优化研究［J］. 北京交通大学学报，2021，45（3）：93-99.

［41］Kelley S，Kuby M. On the way or around the corner? Observed refueling choices of alternative-fuel drivers in Southern California［J］. Journal of Transport Geography，2013（33）：258-267.

［42］Davidov S，Pantoš M. Planning of electric vehicle infrastructure based on charging reliability and quality of service［J］. Energy，2017（118）：1156-1167.

［43］杨珍珍，高自友. 数据驱动的电动汽车充电站选址方法［J］. 交通运输系统工程与信息，2018，18（5）：143-150.

［44］Zenginis I，Vardakas J S，Zorba N，et al. Analysis and quality of service evaluation of a fast charging station for electric vehicles［J］. Energy，

2016（112）：669-678.

［45］曹弋，杨忠振，左忠义．基于轨道交通停车换乘的区域停车规划方法［J］．交通运输系统工程与信息，2016，16（4）：153-158.

［46］杨俊，廖斌杰，王小蕾，等．基于分区需求系数的电动汽车充电设施规划［J］．电力建设，2015，36（7）：52-60.

［47］卞芸芸，黄嘉玲，郑郁．基于供需平衡的广州市充电基础设施规划探索［J］．规划师，2017，33（12）：124-130.

［48］段庆，孙云莲，张笑迪，等．电动汽车充电桩选址定容方法［J］．电力系统保护与控制，2017，45（12）：88-93.

［49］刘锴，孙小慧，左志．电动汽车充电站布局优化方法研究综述［J］．武汉理工大学学报（交通科学与工程版），2015（3）：523-528.

［50］付凤杰，方雅秀，董红召，等．基于历史行驶路线的电动汽车充电站布局优化［J］．电力系统自动化，2018，42（12）：72-80.

［51］Bayram I S，Tajer A，Abdallah M，et al. Capacity planning frameworks for electric vehicle charging stations with multiclass customers［J］. IEEE Transactions on Smart Grid，2015，6（4）：1934-1943.

［52］Pan F，Bent R，Berscheid A，et al. Locating PHEV exchange stations in V2G［C］// First IEEE International Conference on Smart Grid Communications. IEEE，2010：173-178.

［53］Phonrattanasak P，Leeprechanon N. Multiobjective ant colony optimization for fast charging stations planning in residential area［C］// Innovative Smart Grid Technologies-Asia（ISGT ASIA）. IEEE，2014：290-295.

［54］Mozafar M R，Moradi M H，Amini M H. A simultaneous approach for optimal allocation of renewable energy sources and charging stations based on improved GA-PSO algorithm［J］. Sustainable Cities and Society，2017（32）：627-637.

［55］曾博，李英姿，冯家欢，等．计及电动汽车无功支撑能力的分布式电源与智能停车场联合规划方法［J］．电工技术学报，2017（23）：185-197.

[56] Wang G, Xu Z, Wen F, et al. Traffic-constrained multiobjective planning of electric-vehicle charging stations [J]. IEEE Transactions on Power Delivery, 2013, 28 (4): 2363-2372.

[57] 栗然，臧向迪，张文昕，等. 共享电动汽车混合充换电站选址优化 [J]. 电力自动化设备，2021，41（10）：67-74.

[58] Ip A, Fong S, Liu E. Optimization for allocating BEV recharging stations in urban areas by using hierarchical clustering [C] // International Conference on Advanced Information Management and Service (IMS). IEEE, 2010 (6): 460-465.

[59] Wang H, Huang Q, Zhang C, et al. A novel approach for the layout of electric vehicle charging station [C] // International Conference on Apperceiving Computing and Intelligence Analysis. IEEE, 2011: 64 - 70.

[60] Jorge D, Correia G. Carsharing systems demand estimation and defined operations: A literature review [J]. European Journal of Transport & Infrastructure Research, 2013, 13 (3): 201-220.

[61] Hongzhi Miao, Hongfei Jia, Jiangchen Li, et al. Autonomous connected electric vehicle (ACEV) -based car-sharing system modeling and optimal planning: A unified two-stage multi-objective optimization methodology [J]. Energy, 2019 (169): 797-818.

[62] Lemme R F F, Arruda E F, Bahiense L. Optimization model to assess electric vehicles as an alternative for fleet composition in station-based car sharing systems [J]. Transportation Research Part D: Transport and Environment, 2019 (67): 173-196.

[63] Wang H, Li Z, Zhu X, et al. A full service model for vehicle scheduling in one-way electric vehicle car-sharing systems [C] //International Conference on Internet of Vehicles. Springer, Cham, 2015: 25-36.

[64] 何敏藩，王玥. 资金约束条件下高速公路充电桩选址与定容优化 [J]. 重庆师范大学学报（自然科学版），2018，35（5）：17-25.

[65] He F, Wu D, Yin Y, et al. Optimal deployment of public charging

stations for plug-in hybrid electric vehicles [J]. Transportation Research Part B: Methodological, 2013 (47): 87-101.

[66] Sadeghi-Barzani P, Rajabi-Ghahnavieh A, Kazemi-Karegar H. Optimal fast charging station placing and sizing [J]. Applied Energy, 2014 (125): 289-299.

[67] Kaya Ö, Alemdar K D, Atalay A, et al. Electric car sharing stations site selection from the perspective of sustainability: A GIS-based multi-criteria decision making approach [J]. Sustainable Energy Technologies and Assessments, 2022 (52): 102026.

[68] Dong J, Liu C, Lin Z. Charging infrastructure planning for promoting battery electric vehicles: An activity-based approach using multiday travel data [J]. Transportation Research Part C: Emerging Technologies, 2014 (38): 44-55.

[69] Khalkhali K, Abapour S, Moghaddas-Tafreshi S M, et al. Application of data envelopment analysis theorem in plug-in hybrid electric vehicle charging station planning [J]. IET Generation, Transmission & Distribution, 2015, 9 (7): 666-676.

[70] Lopes R B, Ferreira C, Santos B S. A simple and effective evolutionary algorithm for the capacitated location-routing problem [J]. Computers & Operations Research, 2016 (70): 155-162.

[71] Guo S, Zhao H. Optimal site selection of electric vehicle charging station by using fuzzy TOPSIS based on sustainability perspective [J]. Applied Energy, 2015 (158): 390-402.

[72] 程宏波，肖永乐，王勋，等．考虑低碳收益的电动汽车充电站选址规划 [J]. 中国电力，2016，49 (7): 118-121.

[73] 谭洋洋，杨洪耕，徐方维，等．电动汽车充电站规划方案的模糊物元评估方法 [J]. 电力建设，2016，37 (9): 36-42.

[74] Ge S, Feng L, Liu H. The planning of electric vehicle charging station based on grid partition method [C] //2011 International Conference on

Electrical and Control Engineering. IEEE, 2011: 2726-2730.

[75] Aghajani S, Kalantar M. A cooperative game theoretic analysis of electric vehicles parking lot in smart grid [J]. Energy, 2017 (137): 129-139.

[76] Bioki M M, Jahromi M Z, Rashidinejad M. A combinatorial artificial intelligence real-time solution to the unit commitment problem incorporating V2G [J]. Electrical Engineering, 2013, 95 (4): 341-355.

[77] 陆荣琴，赵小梅，刘彬彬．单向共享新能源汽车系统的灵活还车策略 [J]. 交通信息与安全，2021，39 (6): 135-142，179.

[78] 吴丽霞，王贝贝，胡静，等．基于熵权模糊物元的电动汽车充电站选址研究 [J]. 公路与汽运，2016 (6): 45-47.

[79] 魏玲．基于多层次灰色评价方法的共享新能源汽车充电设施选址的研究 [J]. 南昌大学学报（理科版），2016，40 (3): 225-228.

[80] 乌云娜，张昊渤，杨萌，等．不确定语言环境下的充换电站优化选址模型及应用 [J]. 电力系统自动化，2017，41 (2): 114-120.

[81] Awasthi A, Venkitusamy K, Padmanaban S, et al. Optimal planning of electric vehicle charging station at the distribution system using hybrid optimization algorithm [J]. Energy, 2017 (133): 70-78.

[82] Tao Y, Huang M, Yang L. Data-driven optimized layout of battery electric vehicle charging infrastructure [J]. Energy, 2018 (150): 735-744.

[83] Xu J, Zhong L, Yao L, et al. An interval type-2 fuzzy analysis towards electric vehicle charging station allocation from a sustainable perspective [J]. Sustainable Cities and Society, 2018 (40): 335-351.

[84] 彭泽君，兰剑，陈艳，等．基于云重心理论的电动汽车充电站选址方法 [J]. 电力建设，2015，36 (4): 1-7.

[85] 戚丽君．基于利益相关者视角的美丽乡村发展模式研究——以浙江省三个美丽乡村为例 [D]. 杭州：浙江工商大学，2022.

[86] 翁雅敏．共享单车利益相关者的博弈分析及仿真研究 [D]. 常州：常州大学，2021.

[87] R Edward Freeman. 战略管理：利益相关者管理的分析方法

[M]. 上海：上海译文出版社，2006.

[88] Jeff Frooman, Audrey J Murrell. Stakeholder influence strategies: The roles of structural and demographic determinants [J]. Business & Society, 2005, 44 (1): 3-31.

[89] 付俊文，赵红．利益相关者理论综述 [J]. 首都经济贸易大学学报，2006 (2): 16-21.

[90] 陈珊珊．利益相关者治理与企业绩效的实证分析 [D]. 青岛：中国海洋大学，2009.

[91] Samuelson P A. The pure theory of public expenditure [J]. Review of Economics & Statistics, 1954, 36 (4): 387-389.

[92] Charles M Tiebout. A pure theory of local expenditure [J]. Journal of Public Economy, 1956, 64 (5): 416-424.

[93] James M Buchanan. An economic theory of clubs [J]. Economica, New Series, 1965 (32): 1-14.

[94] 郭一鸣．共享单车利益相关者的演化博弈研究 [D]. 兰州：兰州财经大学，2019.

[95] 杨宏山．城市管理学 [M]. 北京：中国人民大学出版社，2013.

[96] 高喜珍，侯春梅．非经营性交通项目的社会影响评价研究——基于核心利益相关者视角 [J]. 交通运输系统工程与信息，2012, 12 (1): 5.

[97] 李松志，董观志．城市可持续发展理论及其对规划实践的指导 [J]. 城市问题，2006 (7): 14-20.

[98] 王勤．新加坡的城市可持续发展路径研究 [J]. 人民论坛，2022 (10): 105-107.

[99] 新华网．习近平在第七十五届联合国大会一般性辩论上的讲话 [EB/OL]. [2022-04-15]. http://www.xinhuanet.com/2020-09/22/c_1126527652.htm.

[100] 杨定武．基于供应链的物流中心选址影响因素研究 [D]. 重庆：重庆大学，2017.

［101］梁希．需求不确定下的低碳物流配送中心选址研究［D］．广州：华南理工大学，2018.

［102］查根凤．上海市精品酒店微观选址影响因素研究［D］．上海：上海师范大学，2017.

［103］罗栋．全域旅游视角下长沙共享单车电子围栏点选址研究［D］．湘潭：湘潭大学，2018.

［104］刘国华．基于用户需求特征挖掘的单向共享新能源汽车站点优化调整策略研究［D］．北京：北京交通大学，2021.

［105］任惠，陈萍，韩璐，等．共享电动汽车可调度容量时空预测［J/OL］.电网技术：1－11［2023－03－20］．https：//doi.org/10.13335/j.1000-3673.pst.2022.0347.

［106］曹可心，邓羽．可持续城市更新的时空演进路径及驱动机理研究进展与展望［J］．地理科学进展，2021，40（11）：1942-1955.

［107］陆化普，李瑞敏．城市智能交通系统的发展现状与趋势［J］．工程研究—跨学科视野中的工程，2014，6（1）：6-19.

［108］郭继孚，刘莹，余柳．对中国大城市交通拥堵问题的认识［J］．城市交通，2011，9（2）：6，8-14.

［109］潘媛媛．公共自行车租赁点选址与配置优化研究［D］．南京：南京师范大学，2017.

［110］王安琪，冀宵玉．共享单车选址问题的探究［J］．信息记录材料，2018，19（9）：225-226.

［111］X Li，J Ye，J Cheng，X Chen，Y Jin and F Zhang. Locating Station of One-Way Carsharing Based on Spatial Demand Characteristics，Collection of open articles in transport research（2018）. Vol. 2018，134 URL https：//www.scipedia.com/public/Li_ et_ al_ 2018k.

［112］Cheng J，Chen X，Ye J，et al. Flow-based unit is better：Exploring factors affecting mid-term OD demand of station-based one-way electric carsharing［J］. Transportation Research Part D：Transport and Environment，2021（98）：102954.

［113］李振辉．基于灰关联模型的高校内共享单车停靠点选址研究［D］．西安：长安大学，2018.

［114］赵永全，朱兴和．共享新能源汽车分时租赁网点的布局分析［J］．科技经济导刊，2018，26（15）：229，231.

［115］刘凤婷，李丹．创新驱动下共享新能源汽车的成本管理及盈利分析［J］．全国流通经济，2019（32）：72-73.

［116］陈瑞雅，李建强．共享租车租赁点选址评价研究［J］．综合运输，2018，40（3）：27-30+92.

［117］Costain C，Ardron C，Habib K N. Synopsis of users behaviour of a carsharing program：A case study in Toronto［J］. Transportation Research Part A：Policy and Practice，2012，46（3）：421.

［118］Shaheen S A ，Cohen A P . Carsharing and personal vehicle services：Worldwide market developments and emerging trends［J］. International Journal of Sustainable Transportation，2012，7（1）：5-34.

［119］孙叶，刘锴．里程焦虑对纯电动汽车使用意愿的影响［J］．武汉理工大学学报（交通科学与工程版），2017，41（1）：87-91.

［120］Hu S，Chen P，Lin H，et al. Promoting carsharing attractiveness and efficiency：An exploratory analysis［J］. Transportation Research Part D：Transport and Environment，2018（65）：229-243.

［121］Kim J ，Rasouli S ，Timmermans H . Satisfaction and uncertainty in car-sharing decisions：An integration of hybrid choice and random regret-based models［J］. Transportation Research Part A：Policy and Practice，2017（95）：13-33.

［122］Sai Q，Xie D，Bi J，et al. Capturing the characteristics of carsharing users based on a data-driven method［C］//Journal of Physics：Conference Series. IOP Publishing，2019，1168（3）：032006.

［123］Zhang Z，Zhang X. Competition and coordination strategies of shared electric vehicles and public transportation considering customer travel utility [J]. Environmental Science and Pollution Research, 2021, 28 (44): 62142-62154.

[124] Abbasi S, Ko J, Kim J. Carsharing station location and demand: Identification of associated factors through Heckman selection models [J]. Journal of Cleaner Production, 2021 (279): 123846.

[125] Caulfield B, Kehoe J. Usage patterns and preference for car sharing: A case study of Dublin [J]. Case Studies on Transport Policy, 2021, 9 (1): 253-259.

[126] 宋玲玉，朱阁，胡敏，等．共享新能源汽车潜在用户自我效能感差异特征变量影响研究 [J]. 北京邮电大学学报（社会科学版），2018，20（2）：18-26.

[127] 陈小鸿，成嘉琪，叶建红，等．共享新能源汽车用户及出行时空特征分析 [J]. 同济大学学报（自然科学版），2018，46（6）：796-803，841.

[128] 袁霞，王爱民．基于 TAM 的共享新能源汽车使用意愿影响因素研究 [J]. 武汉理工大学学报（信息与管理工程版），2018，40（4）：434-438.

[129] 王保乾，邵志颖．基于修正 UTAUT 模型的共享电动汽车市场用户意愿研究 [J]. 软科学，2018，32（11）：130-133，144.

[130] 黄玥，干宏程．年轻消费人群使用共享电动汽车的影响因素分析 [J]. 物流科技，2018，41（12）：79-82.

[131] 董会敏．基于 POI 数据的共享新能源汽车出行影响因素分析与需求预测 [D]. 北京：北京交通大学，2021.

[132] 刘向，董德存，王宁，等．基于 Nested Logit 的电动汽车分时租赁选择行为分析 [J]. 同济大学学报（自然科学版），2019，47（1）：47-55.

［133］米均．考虑出行成本的城市居民出行方式选择研究［D］．成都：西南交通大学，2015.

［134］李金泽，唐芃，龙灏．基于多源数据的城市公共应急服务设施选址模型研究［J］．建筑科学，2021，37（12）：62-70，168.

［135］吕晓菲．共享新能源汽车发展的困境及其对策研究——与共享单车对比论证［J］．现代商贸工业，2017（19）：9-11.